社会学入門

社会をモデルでよむ

数理社会学会
［監修］

小林　盾
金井雅之
佐藤嘉倫
内藤　準
浜田　宏
武藤正義
［編］

朝倉書店

編集委員

小林 盾之（こばやし じゅんゆき）	成蹊大学文学部教授	（まえがき，第1章，第2章）
金井 雅嘉（かない まさよし）	専修大学人間科学部教授	（まえがき，第13章，第15章）
佐藤 倫準（さとう みちじゅん）	東北大学大学院文学研究科教授	（第5章コラム）
内藤 準（ないとう じゅん）	首都大学東京大学院人文科学研究科助教	（第9章）
浜田 宏（はまだ ひろし）	東北大学大学院文学研究科准教授	（第10章）
武藤 正義（むとう まさよし）	芝浦工業大学システム理工学部准教授	（第4章）

執筆者（五十音順）

朝岡 誠（あさおか まこと）	立教大学社会情報教育研究センター助教	（第4章コラム）
石田 淳（いしだ あつし）	大阪経済大学人間科学部准教授	（第12章）
石田 浩（いしだ ひろし）	東京大学社会科学研究所教授	（あとがき）
石原 英樹（いしはら ひでき）	日本女子体育大学体育学部准教授	（第10章コラム）
稲垣 佑典（いながき ゆうすけ）	統計数理研究所調査科学研究センター特任研究員	（第14章コラム）
今田 高俊（いまだ たかとし）	東京工業大学名誉教授，統計数理研究所客員教授	（第1章コラム）
遠藤 薫（えんどう かおる）	学習院大学法学部教授	（第6章コラム）
大﨑 裕子（おおさき ひろこ）	成蹊大学アジア太平洋研究センター特別研究員	（第5章）
大籠 和弘（おおかご かずひろ）	関東学院大学法学部教授	（第15章コラム）
金谷 悠介（かなや ゆうすけ）	岩手県立大学総合政策学部講師	（第8章）
篠木 幹子（しのき みきこ）	中央大学総合政策学部准教授	（第14章）
数土 直紀（すど なおき）	学習院大学法学部教授	（第2章コラム）
盛山 和夫（せいやま かずお）	関西学院大学社会学部教授	（第13章コラム）
関口 卓也（せきぐち たくや）	総合研究大学院大学先導科学研究科・日本学術振興会特別研究員	（第9章コラム）
瀧川 裕貴（たきかわ ひろき）	東北大学学際科学フロンティア研究所助教	（第11章）
辻 竜平（つじ りゅうへい）	信州大学人文学部准教授	（第3章）
友知 政樹（ともち まさき）	沖縄国際大学経済学部教授	（第6章）
中井 豊（なかい ゆたか）	芝浦工業大学システム理工学部教授	（第3章コラム）
堀田 朗司（ほりた ろうじ）	山形大学COC推進室准教授	（第7章コラム）
松田 史光（まつだ しこう）	久留米大学法学部准教授	（第8章コラム）
三隅 一人（みすみ かずと）	九州大学大学院比較社会文化研究院教授	（第12章コラム）
森 いづみ（もり いづみ）	立教大学社会学部助教	（第7章）
渡邊 勉（わたなべ つとむ）	関西学院大学社会学部教授	（第11章コラム）

※ （ ）内は執筆箇所

はじめに

1　この本の狙い

　なぜ人びとは結婚するのでしょうか．なぜ世の中で流行が起こるのでしょうか．この本は，こうした**身近な疑問**に，社会学がどのようにアプローチできるかを，コンパクトに解説した入門書です．社会がグローバル化しライフスタイルが多様化する中，ともすれば「いま世の中で何が起こっているのか」をイメージすることがますます難しくなってきました．

　そこで，本書では社会学の代表的な 13 個の「モデル」を紹介します．モデルとは，社会のメカニズムをシンプルに再構成したものです．モデルを中心にしている点で，本書はこれまでにない，**新しいタイプの社会学の入門書**となっています．

　社会学は 100 年あまりの歴史の中で，そのときどきの社会問題を解決するために，多くのモデルを開発してきました．13 のモデルをマスターすることで，読者はいわば「社会学の道具箱」を手に入れることができるでしょう．

2　構　成

　1 テーマにつき 1 章 1 モデルとし，13 のテーマが「家族」「コミュニケーション」など日常的なものから，「資本主義」「環境問題」など地球規模のものへと配置されています．それぞれの章で，最初に「なぜ結婚するのか」といった謎を**パズル**として立て，それを**モデルで読みとく**ことになります．各章末尾に**練習問題**，**読書案内**がありますので，理解が深まることでしょう．

　各章のあとに**コラム**を掲載しました．モデル提案者の人物像や，その当時の時代背景などが紹介されています．

3　主な読者

　想定される読者として，これから社会学を学ぶ**大学生**，**短大生**，**専門学校生**に，まず読んでほしいと思っています．ですので，社会学の知識をなにも持っていなくても，スムーズに読みすすめられるでしょう．

また，現代社会に関心を持つ**高校生**，**社会人**にも，ぜひ手に取ってほしいと期待しています．

4 使い方

大学などの**授業**で教科書として使用する場合，「社会学」「社会学入門」「現代社会論」などであれば，1回につきひとつの章を割りあてることができます．「家族社会学」「コミュニケーション論」「社会心理学」などであれば，いくつかの章をピックアップすることになるでしょう（第1章第3節に使用例を挙げました）．もちろん，自分で**独習**することもできます．必要な情報はすべて盛りこんであります．

各章は完結しています．ですので，授業でも独習でも，「この章が面白そうだな」と感じたら，興味のある章だけ積極的に「ウインドウ・ショッピング」してみてください．「社会学の道具箱」を身に付けるには，好奇心さえあれば十分なのです．道具箱がやがて，読者にとっての「玉手箱」となることを願っています．

5 謝辞

もともと，本書は数理社会学会の学会事業として企画されました．学会員の皆さま，多忙な中企画に賛同し執筆くださった執筆者の皆さま，企画を支援してくれた理事会の皆さま（とりわけ石田浩前会長と与謝野有紀前副会長）に，お礼申しあげます．また，前回企画『社会を〈モデル〉でみる：数理社会学への招待』（2004年，勁草書房）の土場学編集委員長からは，志の高さと，それを実現させる情熱を学びました．

朝倉書店編集部は企画趣旨をよく理解してくれ，「少しでも多くの人に役だつように」とさまざまなアイディアを提供してくれました．彼らの貢献なくして本書は完成しなかったでしょう．心より感謝します．

2014年10月

小林　盾（編集委員長），金井雅之（副編集委員長）

目　　次

第1章　イントロダクション　社会をモデルで読みとくために
　　　　　　　　　　　　　　　　　　　　　　　　（小林　盾）　　1
　コラム　コント『実証哲学講義』と社会学の誕生　　（今田高俊）　10

第2章　家　族　なぜ結婚するのか——人的資本　　　（小林　盾）　11
　コラム　ギデンズ『親密性の変容』と構造化理論　　（数土直紀）　20

第3章　コミュニケーション　なぜ世間はせまいのか——スモールワールド
　　　　　　　　　　　　　　　　　　　　　　　　（辻　竜平）　21
　コラム　パーソンズ『社会的行為の構造』と秩序問題　（中井　豊）　30

第4章　ボランティア　なぜボランティアをするのか——協力の進化
　　　　　　　　　　　　　　　　　　　　　　　　（武藤正義）　31
　コラム　アクセルロッド『つきあい方の科学』とシミュレーション
　　　　　　　　　　　　　　　　　　　　　　　　（朝岡　誠）　40

第5章　コミュニティ　なぜ地域に違いがあるのか——ソーシャル・キャピタル
　　　　　　　　　　　　　　　　　　　　　　　　（大﨑裕子）　41
　コラム　コールマン『社会理論の基礎』と合理的選択理論
　　　　　　　　　　　　　　　　　　　　　　　　（佐藤嘉倫）　50

第6章　社会心理　なぜ流行が起こるのか——いき値　（友知政樹）　51
　コラム　マクルーハン『グーテンベルクの銀河系』とメディア論
　　　　　　　　　　　　　　　　　　　　　　　　（遠藤　薫）　60

第7章　教　育　なぜ大学に進学する人としない人がいるのか——文化資本
　　　　　　　　　　　　　　　　　　　　　　　　（森いづみ）　61
　コラム　ベック『危険社会』とリスク社会論　　　　（堀内史朗）　70

第8章　仕　事　なぜ転職に成功する人としない人がいるのか
　　　　　　　——弱い紐帯の強さ　　　　　　　　　（金澤悠介）　71

コラム　グラノベッター『転職』と社会的ネットワーク分析
　　　　　　　　　　　　　　　　　　　　　　　　　　　（松田光司）　80
第9章　ジェンダー　なぜ男女差別があるのか――予言の自己成就
　　　　　　　　　　　　　　　　　　　　　　　　　　　（内藤　準）　81
　コラム　マートン『社会理論と社会構造』と機能主義　（関口卓也）　90

第10章　社会階層　なぜ不平等を感じるのか――相対的剥奪
　　　　　　　　　　　　　　　　　　　　　　　　　　　（浜田　宏）　91
　コラム　マルクス『資本論』とマルクス主義　　　　　（石原英樹）　100

第11章　福　祉　なぜ自殺するのか――アノミー　　　（瀧川裕貴）　101
　コラム　デュルケーム『社会学的方法の規準』と方法論的集合主義
　　　　　　　　　　　　　　　　　　　　　　　　　　　（渡邊　勉）　110

第12章　犯　罪　なぜ犯罪がなくならないのか――ラベリング
　　　　　　　　　　　　　　　　　　　　　　　　　　　（石田　淳）　111
　コラム　ホワイト『ストリート・コーナーソサイエティ』と参与観察
　　　　　　　　　　　　　　　　　　　　　　　　　　　（三隅一人）　120

第13章　経　済　なぜ資本主義が成立したのか――プロテスタンティズムの倫理
　　　　　　　　　　　　　　　　　　　　　　　　　　　（金井雅之）　121
　コラム　ヴェーバー『社会科学と社会政策に関わる認識の「客観性」』と理解
　　　　　社会学　　　　　　　　　　　　　　　　　　（盛山和夫）　130

第14章　環境問題　なぜ環境問題が起こるのか――囚人のジレンマ
　　　　　　　　　　　　　　　　　　　　　　　　　　　（篠木幹子）　131
　コラム　東日本大震災と社会学　　　　　　　　　　　（稲垣佑典）　140

第15章　まとめ　レポートを執筆するために　　　　　（金井雅之）　141
　コラム　日本社会学会と数理社会学会　　　　　　　　（籠谷和弘）　150

あとがき　　　　　　　　　　　　　　　　　　　　　　（石田　浩）　151

索　引　　　　　　　　　　　　　　　　　　　　　　　　　　　　153
執筆者一覧　　　　　　　　　　　　　　　　　　　　　　　　　　157

第1章 イントロダクション
社会をモデルで読みとくために

小林 盾

キーワード　　モデル　パズル　ミクロ・マクロ・リンク　方法論的個人主義　方法論的集合主義

第1節　——　現代社会は謎だらけ

　国民生活に関する世論調査によれば，過去50年間でおおむね7割前後の人が生活に満足し，3割前後が不満を持っていた（図1.1）．満足とは「満足している」と「まあ満足している」の合計，不満とは「やや不満だ」と「不満だ」の合計である（他に「どちらともいえない」「分からない」がある）．

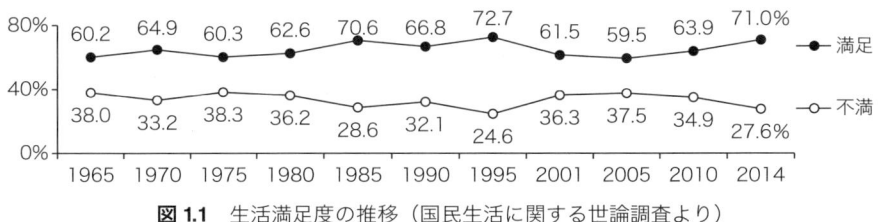

図1.1　生活満足度の推移（国民生活に関する世論調査より）

　データ　日本人のうち3割ほどが，生活に不満を持っている．

　満足している人は，現代社会のあり方にとくに疑問を持たないだろう．だが，不満があるなら，もしかしたら「現代社会がなぜ今の形になっているのか」と不思議に感じているかもしれない．
　たとえば，10代なら「なぜ大学に行かなくてはいけないのかなあ」，成人したら「なぜ結婚しなくてはいけないんだろう」，年配の人なら「どうして転職できる人とできない人がいるのかなあ」と悩むかもしれない．たとえ生活に満足していても，もちろんこれらの謎と無縁ではない．

もしこうした疑問が解消できないと，ややもすれば我われは不必要な努力をしたり，的外れな行動をしてしまうかもしれない．

問1（パズル） どうすれば，現代社会のさまざまな謎を，解決することができるだろうか．

第2節 —— モデルで読みとく

（1）モデルとは そこで，この本では社会学の**モデル**を用いて，現代社会を読みといていく．では，モデルとはなんだろうか．

定義1 社会現象のメカニズムを，「論理的な因果関係」としてシンプルに再構成したものを，「モデル」という．

たとえば，鳥は空を飛ぶことができる．もし小学生から「なんで鳥は飛べるの？」と質問されたら，どう答えればよいだろうか．ひとつの方法は，紙飛行機を作って飛ばすことで，「こんな風に飛ぶんだよ」と実演することだろう（図1.2）．

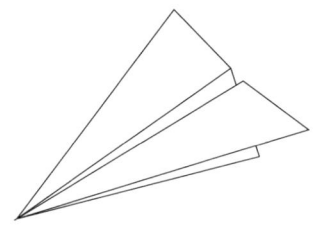

図1.2 紙飛行機は飛行のモデル

このようにモデルは，現実のある側面（この場合飛ぶこと）に着目し，特定の要素（胴体と羽）だけ残し，それ以外の要素（鳥の大きさや羽の色など）を思いきって無視する．したがって，モデルは現実のいわば「鏡」だが，単なる精巧な「ミニチュア」であってはいけない．「なにを考慮し，なにを考慮しないのか」という取捨選択の作業が，不可欠となることに注意しよう．

仮定1 モデルでは，重要な要素を「抽象し強調する」一方，不要な要素を「捨象し引き算する」必要がある．

　そうすることで，かえって「なにがその現象を引きおこし，なにが無関係なのか」を仕分けすることができる．紙飛行機を飛ばせば，「鳥の大きさや体重は飛行に関係なく，羽が決定的に重要である」ということが分かるはずだ．

　たしかに，こうした自然現象と比べて社会現象はより複雑で，かならずしも正解があるとは限らない．しかし，モデルを「物差し」として参照することで，「現実はここまでモデルと同じだ」とか「ここから違っている」と判断することができるだろう．

(2) モデルの構成要素　では，モデルはなにからできているのだろうか．紙飛行機の場合，素材は紙だった．これにたいし，社会現象のモデルでは，「言葉」が素材となっている．より高度なモデルでは数式を使用するが，この本ではできるだけ数値例でモデルを組みたてるようにした．

　この本でモデルを紹介するときは，まず中心となる概念を「定義」する．そのうえで，概念どうしがどのように関係しているかを「仮定」する（ちょうどこの章のここまでのように）．こうすることで，モデルの構造がより明確になるだろう．

仮定2 社会現象のモデルは，「言葉」を素材とし，「定義」と「仮定」によって構成される．

問2 どのように，社会現象をモデルで分析すればよいだろうか．

第3節 ── 各章での分析の進め方

(1) データからパズルへ　各章では，まず日本全体や世界全体についての統計を「データ」とし，そこから解くべき「パズル」を設定する．つぎに「モデル」を展開し，「結果」を導出することで，「パズルへの解答例」を見つけよう（図1.3）．また，パズルから結果に至るまでに，こまかく問題（問い，リサー

チ・クエスチョン）を設定することで，論理展開を明確にできる．

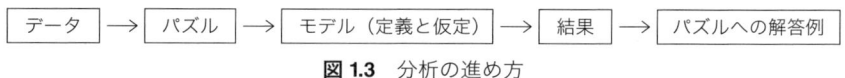

図 1.3 分析の進め方

定義 2 社会現象にかんするデータから，未解明の問いが発生したとき，それを「パズル」という．

たとえば，日本における生涯未婚率の推移を見ると，現在でも 8 割以上の人が一度は結婚している（第 2 章データ）．しかし，なぜ結婚しなければいけないのかは，自明でない．そこで，「人はなぜ結婚するのか」という問いが，パズルとして自然に浮上することだろう（第 2 章パズル）．

(2) パズルからモデルへ：ミクロ・マクロ・リンク ただし，我々の面前に現れるのは，「現代社会では多くの人が結婚している」などの，社会全体の水準でのデータであり，パズルである．そこで，この本では社会全体の「マクロ水準」でモデル化するのではなく，「個人はどのように行動し意思決定するのか」という「ミクロ水準」でモデルを構築しよう．こうした捉え方を「ミクロ・マクロ・リンク」という．

定義 3 社会現象を，社会全体のマクロ水準から個人のミクロ水準に分解し，①マクロな原因，②ミクロな原因，③ミクロな結果，④マクロな結果という 4 段階の因果関係として説明することを，「ミクロ・マクロ・リンク」という．マクロな原因とマクロな結果が「データ」として現れ，ミクロな原因とミクロな結果の部分を「モデル」によって推測する（図 1.4）．

図 1.4 ミクロ・マクロ・リンク

ミクロ・マクロ・リンクは，提唱者ジェームズ・コールマン（1926 〜 1995）にちなみ，形がボートに似ていることから「コールマン・ボート」と呼ばれる

ことがある．また，風呂桶ににていることから「社会学的バスタブ」と呼ばれることもある．

仮定3 社会現象をミクロ・マクロ・リンクで分析すれば，「なぜある現象が起きているのか」という因果関係を，個人の水準に分解して解明できる．

各章のテーマ，パズル，モデルとその提案者は表1.1のとおりである．デュルケーム『自殺論』のような社会学の古典的業績から，スモールワールドのように最新のものまで，バランスよく取りあげた．

表1.1 各章のテーマ，パズル，モデル

章	テーマ	パズル	モデル	提案者
2	家族	なぜ結婚するのか	人的資本	ゲーリー・ベッカー
3	コミュニケーション	なぜ世間はせまいのか	スモールワールド	ワッツとストロガッツ
4	ボランティア	なぜボランティアをするのか	協力の進化	アクセルロッド
5	コミュニティ	なぜ地域に違いがあるのか	ソーシャル・キャピタル	パットナム
6	社会心理	なぜ流行が起こるのか	いき値	グラノベッター
7	教育	なぜ大学に進学する人としない人がいるのか	文化資本	ブルデュー
8	仕事	なぜ転職に成功する人としない人がいるのか	弱い紐帯の強さ	グラノベッター
9	ジェンダー	なぜ男女差別があるのか	予言の自己成就	マートン
10	社会階層	なぜ不平等を感じるのか	相対的剥奪	ブードン
11	福祉	なぜ自殺するのか	アノミー	デュルケーム
12	犯罪	なぜ犯罪がなくならないのか	ラベリング	ハワード・ベッカー
13	経済	なぜ資本主義が成立したのか	プロテスタンティズムの倫理	ヴェーバー
14	環境問題	なぜ環境問題が起こるのか	囚人のジレンマ	ハーディン

(3) モデルから結果，パズルへの解答例へ マクロ水準でのパズルを，ミクロ水準でモデル化することで，「〜は〜である」といった結果を得る．そこから，パズルへの解答が提供されることだろう．ただし，正解はひとつとは限らないので，この本では「解答例」とした．

たとえば，第2章では「なぜ人びとは結婚するのか」というパズルにたいし，①現代社会では，②人びとが人的資本に投資するために，③結婚すると性別役割分業ができるので，④社会に結婚が普及している，と説明される（表1.2）．同様に，第11章では自殺について，第13章では資本主義について，ミクロ・マクロ・リンクに基づいてモデル化していくことだろう．

表 1.2　ミクロ・マクロ・リンクの例

	①マクロな原因	②ミクロな原因	③ミクロな結果	④マクロな結果
第2章「なぜ結婚するのか」	現代社会	人的資本	性別役割分業	結婚の普及
第11章「なぜ自殺するのか」	近代化によるアノミー状態	欲求の無規制化	アノミー的自殺	自殺の増加
第13章「なぜ資本主義が成立したのか」	近代化	プロテスタンティズムの倫理	資本主義の精神	資本主義の拡大

第4節　勉強の進め方

（1）体系的に勉強する場合　では，どのように勉強を進めればよいだろうか．もし「社会学」「社会学入門」「社会学概論」「現代社会論」などの授業で，現代社会について網羅的に勉強したいなら，どの章からスタートしても構わない．一方，もし体系的にマスターしたいなら，大きく2つの立場に分かれる（表1.3）．

表 1.3　方法論ごとの使用例

章	テーマ	方法論的個人主義	方法論的集合主義	関連する章
2	家族	◎		5章・7章（資本投資）
3	コミュニケーション		○	8章（ネットワーク）
4	ボランティア	○		14章（囚人のジレンマ）
5	コミュニティ		○	2章・7章（資本投資）
6	社会心理		○	11章（いき値）
7	教育	○		2章・5章（資本投資）
8	仕事		◎	3章（ネットワーク）
9	ジェンダー	○		10章・13章（意図せざる結果），12章（予言の自己成就）
10	社会階層	○		9章・13章（意図せざる結果）
11	福祉		○	6章（いき値）
12	犯罪		○	9章（予言の自己成就）
13	経済	○		9章・10章（意図せざる結果）
14	環境問題	○		4章（囚人のジレンマ）

◎は基礎章，○は発展章，()内は共通事項

　第一の立場は「方法論的個人主義」である．個人の行動や心理に着目する．ドイツの社会学者マックス・ヴェーバーの『プロテスタンティズムの倫理と資本主義の精神』が，典型例である（第13章）．

> **定義 4** 社会現象を「個人の行動や心理の集積」として分析するとき，そうした立場を「方法論的個人主義」という．「人びとは合理的であり，自分の利得または効用を最大化する」と仮定する．

現代では，**合理的選択理論**やその一部である**ゲーム理論**として，多くのモデルが提案されている．勉強するには，第 2 章「家族」が基礎章となるのでここからスタートし，そのあと発展章へ進むとスムーズだろう．利得とはものごとを（お金などで）客観的に評価したもの，効用とは（満足度など）主観的に評価したものを指す．

第二の立場は，「方法論的集合主義」とよばれる．社会全体の構造に焦点をあてる．フランスの社会学者**エミール・デュルケーム**の『自殺論』に代表される（第 11 章）．現代ではおもに，**社会的ネットワーク分析**や**ソーシャル・キャピタル論**として展開されている．第 8 章「仕事」からスタートするとよいだろう．

> **定義 5** 社会現象を「社会構造の影響の結果」として分析するとき，そうした立場を「方法論的集合主義」という．「人びとは社会関係に埋めこまれていて，ネットワークや役割によって制約されている」と仮定する．

(2) 分野別に勉強する場合 家族社会学，コミュニケーション論など，分野ごとに勉強したいかもしれない．その場合，まず中心となる章を読んでから，その分野に近い章を勉強するとよいだろう（表 1.4）．たとえば，もし家族社会学に関心があるなら，まず第 2 章「家族」を読んでから，第 5 章「コミュニティ」，第 9 章「ジェンダー」，第 11 章「福祉」へと進んでほしい．

もちろん，これらはあくまで例であり，該当章が限定されるわけではない．また，ボランティアの社会学，環境社会学，経済社会学など，さまざまな分野を中心に勉強することもできるだろう．

表 1.4 分野ごとの使用例

章	テーマ	家族社会学	コミュニケーション論	社会心理学	ジェンダー論	社会階層論	福祉社会学
2	家族	◎			○		
3	コミュニケーション		◎	○			
4	ボランティア		○				○
5	コミュニティ	○	○				
6	社会心理		○	◎			
7	教育				○	○	
8	仕事				○	○	
9	ジェンダー	○			◎		
10	社会階層					◎	○
11	福祉	○					◎
12	犯罪			○			○
13	経済					○	
14	環境問題			○			

◎は中心章，○はその他の該当章

第5節 —— 練習問題

問3 「結婚式」「ボランティア」「テーマパーク」など身近な社会現象をひとつ取りあげ，過去50〜100年ほどの推移を統計データで調べてみよう．〜人，〜円といった「絶対数」と，〜％という「割合」の両方があるとよいだろう．

問4 そのデータから，「なぜ〜なのか」という形で，パズルを設定してみよう．

問5 パズルにたいして，「人びとはどのように理解しているか」，「自分の経験からどう思うか」，「自分としてはどうあってほしいか」を，それぞれ考えてみよう．

読書案内

●この章のオリジナル

土場学・小林盾・佐藤嘉倫・数土直紀・三隅一人・渡辺勉編，2004，『社会を〈モデル〉でみる：数理社会学への招待』勁草書房．
　代表的な44の社会学モデルを，ミクロ社会，メゾ社会，マクロ社会に分けて紹介している．

●その他

日本社会学会編，2010,『社会学事典』丸善．
大澤真幸他編，2012,『現代社会学事典』弘文堂．
　　前者は「家族の社会学」など分野ごとに解説している．後者は「家族」「コミュニケーション」などキーワードごとに解説．
小林盾・金井雅之・佐藤嘉倫編，2015,『リーディングス合理的選択理論』勁草書房．
　　合理的選択理論の立場に立つ，方法論的個人主義の論文を6本収録している．コールマン・ボートのオリジナル論文もある．
野沢慎司編・監訳，2006,『リーディングスネットワーク論：家族・コミュニティ・社会関係資本』勁草書房．
　　社会的ネットワーク分析の立場に立つ，方法論的集合主義の論文を7本収録している．

コラム　コント『実証哲学講義』と社会学の誕生

今田高俊

　オーギュスト・コント（1798〜1857）の『実証哲学講義』（1830〜1842年）は，社会学（sociologie）という言葉がはじめて用いられた書物である．コントによれば，人と人の相互作用からなる社会について実証的な理論構築を目指す社会学は，実証哲学の最高峰に位置する．実証哲学とは経験的事実に基づいて，自然界や人間界を統一的に把握する理論活動のことであり，正確で，建設的かつ有用な知識を獲得することをねらいとしている．

　コントによれば，人間界の知識は「3段階の法則」に従って発展する．有名な神学的段階―形而上学的段階―実証的段階がそれである．第一の神学的段階は，科学的思考が未発達な時代や地域で見られる知識形態であり，現象を神話や宗教によって説明しようとする段階である．現代でも，科学によって説明の付かない現象についてこうした方法が用いられる場合がある．

　第二の形而上学的段階は，理性によって現象を説明しようする段階であり，合理的（論理的）であることが知識の源泉となる．これは抽象的な理念により世界を合理的に説明しようとすることであり，しばしば経験的な裏づけを欠いた思弁的な理論の形態をとる．

　第三の実証的段階では，経験的事実（エビデンス）が知識の根拠となる．理論は経験的事実に裏づけられてはじめて正しい意味での科学となる．

　実証哲学は，経験的事実の収集と分析に専念することを要求する．だが，そうすることでしばしば悪しき経験主義の亡霊にとりつかれがちである．社会調査を次つぎと実施し，これらのデータを用いて表層的な社会記述を行うだけであたかもエネルギッシュな研究をしているかのように錯覚してしまうことがそれである．そこから帰結するのは「雑多な事実の無駄な集積」である．

コントはこうした素朴実証主義をきびしく糾弾したことに留意すべきである．素朴経験主義は神秘主義と同じくらい有害である．要するに，観察には理論――それが明確な命題体系として定式化されているかあるいは視座としての概念体系に留まるかは別にして――が不可欠なのである．

　話は変わるが，コントは『実証哲学講義』の中核をなす「実証精神論」において，実証哲学は数学→天文学→物理学→化学→生物学→社会学という経路で進歩し，最後の段階にある社会学が実証哲学の究極の目的であるとしている．彼にとって，数学を底辺として，頂点としての社会学をきわめることが実証哲学の理想の姿である．

　社会をモデルで読みとく数理社会学は，コントの実証精神を肝に銘じておくべきであろう．経験的事実に関与しない理論（モデル）は形而上学的段階にある．逆に，調査ばかりしてデータに埋没するようでは，有用な知識をもたらす実証主義とはいえない．両者が統合されてはじめて実証哲学となる．コントはモデルを構築して社会学的研究をしたわけではないが，社会学の歩むべき道を19世紀の段階で指し示したことは，高く評価されてしかるべきである．

コント

第2章 家　族

なぜ結婚するのか——人的資本

小林　盾

キーワード　　人的資本　市場労働と家事労働　性別役割分業　合理的選択理論　ゲーリー・ベッカー

第1節　── データ

国勢調査によれば，生涯未婚率（50歳時未婚者の割合）は1920年から男女ともに5％以内で，日本はながらく「皆婚社会」だった．ところが，1990年に5％を越え，その後増加を続け2010年に男性20.1％，女性10.6％となった（図2.1）．

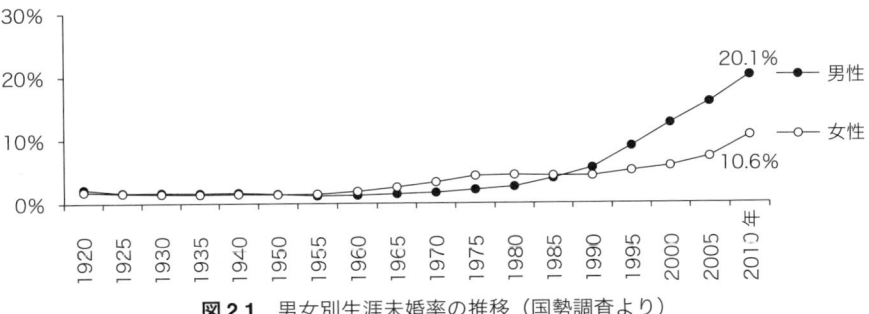

図2.1　男女別生涯未婚率の推移（国勢調査より）

データ　日本社会では，8割の人が結婚を経験する．

しかし，ともすれば結婚しなくてもよさそうなのに，どうして多くの人は結婚するのだろうか．なぜ男が外で働き，女は家事をすることが多いのだろうか．

問1（パズル）　かならずしも結婚する必要はないのに，なぜ大多数の人は結婚するのだろうか．

なお，人口動態統計によれば，日本で 2012 年に 66 万 9 千人が結婚した．平均初婚年齢は約 100 年前の 1908 年で男性 26.8 歳，女性 22.9 歳だった．2011 年には男性 30.7 歳，女性 29.0 歳へと伸びた．2012 年の離婚者は 23 万 7 千人であった．2011 年に結婚した人のうち，再婚者の割合は男性 18.1%，女性 16.0%だった．

第 2 節 —— モデル

(1) 人的資本　アメリカの経済学者ゲーリー・ベッカー（1930 〜 2014）は，人がなぜ結婚するのかを，**合理的選択理論**の立場から人的資本（human capital）というモデルで考えた．ベッカーはシカゴ大学経済学部・社会学部教授だった．家族，教育，犯罪といったさまざまな社会現象を経済学的に分析したことで，1992 年にノーベル経済学賞を受賞した．

> **定義 1**　時間，金銭，労力といった資源を人に投資し，その結果獲得した能力を「人的資本」という．教育や経験やオン・ザ・ジョブ・トレーニングなどの形で投資し，収入や成果物などの利益として回収される．

つまり，あたかも人びとが株式や土地にお金を投資するように，個人に時間やお金や努力を投資することで，さまざまな能力を獲得し蓄積するだろうと想定している．個人の能力は，自分にとってはもちろん，家族や企業にとっても大切なもので，できるだけ伸ばしたいはずだ．そこで，本人や組織が人的資本に投資することで能力を高め，活用するのである．人的資本はいわば「能率性」を表し，同じ時間働いたとしても，人的資本が多い人ほど多量の仕事を高い精度で仕上げる．

> **問 2**　人的資本という考え方を用いると，人びとが結婚することを，どう説明できるだろうか．

(2) 市場型人的資本と家庭型人的資本　人が生活していくうえで，最低限必要なものとはなんだろうか．まず，仕事をしてお金を稼がなければならないだろう．さらに，掃除，料理，洗濯，もし子どもがいるなら育児といった家事も，行う必要がある．そこで，つぎのように 2 つの労働を区別し，それぞれに

対応した人的資本が要求されるだろう．

定義 2 家庭外で仕事をすることを「市場労働」と呼び，家庭内で家事・育児をすることを「家事労働」と呼ぶ．得られる賃金や料理などの成果を，利益（単位は円）で表す．人的資本のうち，市場労働に役立つものを「市場型人的資本」と，家事労働に役立つものを「家庭型人的資本」と呼ぶ．

市場型人的資本には，たとえばパソコンを操作したり，帳簿を付けたり，職場の空気を読むことが含まれる．家庭型人的資本には，たとえば料理，育児，近所付き合いなどをうまくこなすことがあろう．

さて，市場労働と家事労働は，どちらが欠けても生活に支障がでる．稼がなければ困窮するし，家事を放棄すればたちまちごみ屋敷になるだろう．

では，結婚していたらどうだろうか．おそらく，相手が給料の一部を提供したり，子どもの送り迎えをするなど，夫婦間で利益を融通しあえることだろう．そこで，つぎのように仮定することが自然だろう．

仮定 1 人は，市場労働と家事労働を，それぞれこなさなくてはならない．ただし，結婚したら夫婦間で利益を合算できる．

この章では「市場労働と家事労働をそれぞれ1時間以上行い，100円以上の利益を得なくてはならない」としてみよう（この時間と金額はゼロでないならいくらでもよい）．

(3) 資源投資による人的資本の蓄積 それでは，人はどのように市場型人的資本と家庭型人的資本に投資し蓄積するだろうか．ここでは，資源投資をひとまとめにして，0から1までの数値で表そう．人は，資源投資を市場型人的資本か家庭型人的資本のどちらかに行い，人的資本を蓄積する．もし市場型人的資本にある量を投資したなら，家庭型人的資本には残りを投資する．

ここで，投資の結果，人的資本がどのように増加するかを考えてみよう．たとえば，パソコン教室に2時間通ったとき，得られる能力は1時間の場合と同じということはなく，ある程度増加しているはずだ（狭義単調増加という）．

仮定 2 資源投資が増えれば増えるほど，人的資本は増加する．

この章では例として，図2.2のように加速度的に増加する場合を取りあげてみる（人的資本は資源投資の二乗）．人的資本は0から1のあいだで，1に近いほど能率がよい．

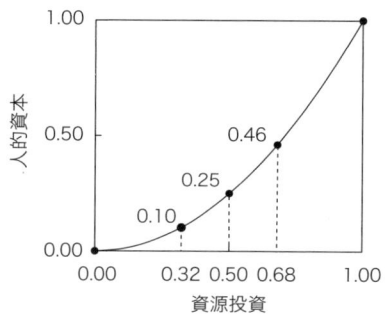

図2.2 資源投資と人的資本の関係の例

（4）利 益 では，人は人的資本を能力として蓄積したら，どのように市場労働と家事労働を行い利益を得るだろうか．ここでは，すべての人に個人差がなく，1日当たり最大8時間を市場労働か家事労働に充てるとする．

この時，人的資本が高い人のほうが，同じ時間だけ作業しても早く終えることができる．時間をフルに活用できるともいえる．そこで，ここでは以下のように，（0から1の）人的資本と（0から8時間のあいだの）活動時間に比例して，人は利益を得ると仮定しよう．市場労働でも家事労働でも，利益が貨幣で換算でき，単位を円とする（掃除が700円など）．かりに，すべての仕事も家事も時給1,000円とする（別の額でも結果は同じ）．

仮定3 労働から得られる利益は，その活動のための人的資本と，その活動に費やした時間とに比例し，利益（円）＝時給1,000円×人的資本（0から1）×時間（0から8）とする．たとえば，家庭型人的資本を0.3持つ人が5時間育児をしたら，時給1,000円×人的資本0.3×5時間＝1,500円の利益を得る．

問3 人びとはどのように市場型人的資本と家庭型人的資本に資源投資し，最大でどれだけ利益を得るかを，独身時と結婚時で比較しよう．

第3節 ── 結 果

(1) 独身時の資源投資，人的資本，利益 ケース1として，(正社員として働くなど) 仕事を優先させて，家事を最低限にしたい場合を検討しよう．仮定1より，家事を1時間，残りの7時間を仕事に充てることになる．市場型人的資本への投資をどうすると，利益がもっとも大きくなるだろうか．

市場型人的資本に投資しすぎると，家庭型人的資本を蓄積できないので，家事労働から100円を得ることができなくなる．そのため，家庭型人的資本に資源を少なくとも0.32投資し，人的資本0.1を獲得する必要がある (図2.2左から2つ目の点)．こうして，家事労働で時給1,000円 × 人的資本0.1 × 1時間 = 100円の利益を得る．

そこで，仕事に残りの資源0.68を投資すると，市場型人的資本は0.46となる (図2.2右から2つ目の点)．家事の残りの7時間働くので，利益は時給1,000円 × 人的資本0.46 × 7時間 = 3,220円となる．こうして，独身者は1日に最大で合計「3,320円」の利益を得ることが分かった．

ケース2として，(趣味の時間を大切にするなど) 逆に家事を優先させて，仕事を最低限にしたいときを考えよう．この場合，市場労働と家事労働で，資源投資量と配分時間が逆転する．市場型人的資本に0.32だけ投資し，その二乗で人的資本0.10を獲得する．(アルバイトやパートなどで) 最低限の1時間だけ働き，その結果仕事で100円の利益をあげる．家庭型人的資本には残りの資源0.68を投資し，3,220円を得る．したがって，やはり最大で合計「3,320円」の利益となる．

ケース3として，仕事と家事に半々の投資をし，半々の時間を使う場合はどうだろうか．資源の半分0.5を投資すると，市場型人的資本も家庭型人的資本も0.25で，(計算は省くが) このとき利益の合計が最大となる (図2.2の中間の点)．そのため，仕事からも家事からも，時給1,000円 × 人的資本0.25 × 4時間 = 1,000円を受けとる．合計で「2,000円」だ．

結果1 独身時は，ケース1，ケース2のように，仕事か家事のどちらかに重点をおいて人的資本を蓄積し，そこに時間をできるだけ注ぐと，もっとも多くの利益を得る (表2.1，問3への解答例)．

表 2.1. 独身時の資源投資と利益

ケース	人的資本への資源投資	利益
1	仕事優先	3,320 円
2	家事優先	3,320 円
3	半々	2,000 円

(2) 結婚時の資源投資，人的資本，利益 それでは，結婚したらどうなるだろうか．仮定1により，夫婦間で仕事と家事を融通できる．そのため，独身のときは「仕事と家事それぞれ1時間以上，100円以上」という条件を1人でクリアする必要があったが，既婚者は夫婦でクリアすればよい．

そこで，夫婦の片方Aさんが，仕事を優先させたいとしよう．Aさんは夫でも妻でもよい．制約がないので，Aさんは資源1をすべて市場型人的資本に投資するだろう．その結果，(1の二乗で) 1を市場型人的資本として獲得する (これは人的資本の最大値，図2.2右の点)．これを用いて，仕事を目一杯の8時間すると，利益は時給1,000円 × 人的資本1 × 8時間 = 8,000円となる．

このとき，配偶者Bさんはどうするべきだろうか．夫婦で家事を「1時間以上，100円以上」する必要があることに注意しよう．

ケース1として，(独身時のケース1のように) Bさんが仕事を優先したかったとしよう．同じ計算で，仕事に0.68投資し (図2.2右から2つ目の点)，7時間働くことが，もっとも利益を上げる．Bさんの利益は3,320円となる．夫婦合計で8,000円 + 3,320円 = 1万1,320円で，1人平均「5,660円」だ．いわば共働き夫婦だが，Bさんだけが家事を担当しているため，仕事に全力投球することができない．

ケース2として，もしBさんが (独身時のケース2のように) 家事を優先させたならどうか．仕事はAさんがしているので，もはや不要だ．そのため家事にすべての資源1を投資でき (図2.2右の点)，さらにすべての時間8時間を家事に割りあてることができる．その結果，利益は時給1,000円 × 人的資本1 × 8時間 = 8,000円となる．夫婦合計で8,000円 + 8,000円 = 1万6,000円で，1人平均「8,000円」を受けとる．いわば，家庭内で「分業」し専門特化した．

ケース3として，夫と妻どちらも，(独身時のケース3のように) それぞれが仕事と家事を大事にして半々の投資をし，半分だけ時間を割りあてるとしよう (図2.2中間の点)．独身時と同じ計算で，各自が「2,000円」を受けとる．

結果 2 結婚時は，ケース 2 のように片方が仕事，片方が家事に専念し専門特化すると，もっとも多くの利益を得る（表 2.2，問 3 への解答例）．

表 2.2 結婚時の資源投資と利益

ケース	人的資本への資源投資	1 人あたり利益
1	両者仕事優先	5,660 円
2	専門特化	8,000 円
3	両者半々	2,000 円

第 4 節 —— 考 察

(1) 結婚による専門特化 独身時と結婚時の利益を比較すると，結婚時のケース 2 で利益が最大となった（図 2.3）．

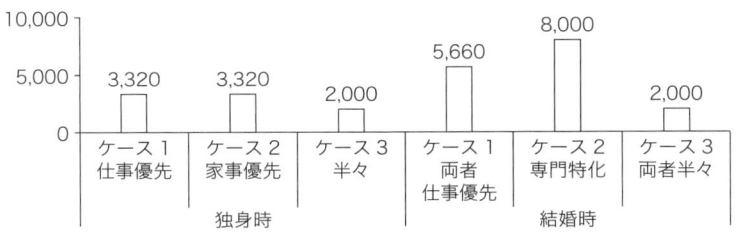

図 2.3 独身時と結婚時のケースごとの利益（単位は円）

結果 3 結婚して夫婦で分業し，1 人が市場労働に，もう 1 人が家事労働に専門特化して人的資本を蓄積すると，独身のときより多くの利益を得る（問 2 への解答例）．

(2) 性別役割分業 ただし，このとき夫と妻のどちらが仕事をしてもよいことに注意しよう．

問 4 なぜ，夫が仕事を，妻が家事を担当することが多いのだろうか．

たしかに，男女はほとんどの点で違いがないし，平等であるべきだろう．しかし，「子どもを産む」ということだけは，女性にしかできない．たとえ男性が

どれほど希望しても，実現できない．

　そのため，出産後の育児を担当するための人的資本（能力）は，女性のほうがスムーズに蓄積できるだろう．男性でも育児をできるが，授乳など担当できないものもある．そのため，女性は家庭型人的資本に，ある程度の投資をせざるをえない．

　男性にはその負担がない分，市場型人的資本に多くを投資できる．その結果，夫が市場型人的資本に，妻が家庭型人的資本に投資することが多くなるだろう．このように，男女の間で役割を分担し，分業のメリットを得ることを「性別役割分業」という．

結果4 結婚すると，性別役割分業を行うことで独身時より多くの利益を得られるので，人びとは結婚する（問1への解答例）．

　たしかに，我われは人を好きになり，愛情を確認し，ずっと一緒にいたいから結婚するのだろう．しかし同時に，利益を追求した結果の，いわば合理的な選択という側面が結婚にあることも，人的資本モデルは示唆している．

第5節 ── 練習問題

　(1) 恋　愛　出生動向基本調査によれば，1930年の新規結婚のうち7割が見合い結婚だった．その後恋愛結婚が増え，1960年代後半に見合い結婚を逆転した．2005年では，恋愛結婚87.2%，見合い結婚6.4%となった．

問5 結婚するために，恋愛は不可欠なのだろうか．

　ヒント　結婚の人的資本モデルに，恋愛という要素が入ってないことを，まず確認しよう．その上で，谷本（2008）を参考に，検討しよう．

　(2) 未婚化　2010年国勢調査によれば，男性の生涯未婚率は20.1%，女性10.6%で，男女ともに未婚者が増えている．同棲者は増加していないので，未婚化が進んでいるといえる．

問6 結婚するほうが効率的なはずなのに，なぜ未婚化が進んでいるのだろうか．

ヒント 山田・白河（2008）は，結婚をめぐる社会構造が変化し，現代社会では結婚するために特別な活動「婚活」が必要となっていると指摘する．

(3) 出　産　人口動態統計によれば，2012年の合計特殊出生率は1.41だった．では，出産にはグループによる違いがあるだろうか．2005年出生動向基本調査によれば，夫婦のうち妻の学歴が中学卒の場合の平均子ども数は1.90人，高校卒1.90人，短大卒1.74人，大学卒以上1.47人だった．他の国でも，教育が高いなど高階層な人ほど子どもが少なく，低階層ほど子だくさんであることが知られている．

問7 なぜ，高階層の人ほど，子どもが少ないのだろうか．

ヒント ベッカー（1981）が，出産を人的資本モデルによって検討している．子どもに教育や習い事を投資し，人的資本として身に付けさせると考えた．

読書案内

●この章のオリジナル
ゲーリー・ベッカー，1985（翻訳2015），「人的資本・努力・性別役割分業」小林盾・金井雅之・佐藤嘉倫編『リーディングス合理的選択理論』勁草書房．
　結婚の人的資本モデルが，アメリカ社会のデータをもとに展開されている．

●テキスト
野々山久也編，2009，『論点ハンドブック家族社会学』世界思想社．
　家族に関するさまざまな問いを，「結婚」「出産」など80の項目に分けて解説している．

●その他
谷本奈穂，2008，『恋愛の社会学：「遊び」とロマンティック・ラブの変容』青弓社．
　女性雑誌の分析を通して，恋愛と結婚の関係が，どう歴史的に変遷してきたかを分析する．
山田昌弘・白河桃子，2008，『「婚活」時代』ディスカヴァー・トゥエンティワン．
　結婚が「だれでもできるもの」から「特別な活動をしないとできないもの」となったと分析．
ゲーリー・ベッカー，1981, "Division of Labor in Households and Families" *A Treatise on the Family*, Harvard University Press．
　人的資本を多くの子に分散して投資するか，集中してピンポイントに投資するかを比較した．

コラム　ギデンズ『親密性の変容』と構造化理論

数土直紀

アンソニー・ギデンズ（1938〜）はイギリスの社会学者である．彼は，ヴェーバー，デュルケーム，そしてマルクスなどの学説研究を経て，「人びとの行為を制約すると同時に，人びとの行為によって再生産される」社会構造の特性に着目し，構造化理論を唱えた．と同時に，彼はブレア元イギリス首相のブレーンであったことでも世に知られており，2004年6月からはイギリス議会の貴族院議員でもある．このように，彼は単に社会学理論の研究者として優れているだけでなく，社会に対して強い実践的関心を抱いており，そしてその影響力において傑出しているのだといえるだろう．

そして，『親密性の変容』（1992年）は，構造化理論を中心とした理論研究というよりは，むしろ再帰性を軸とした現代社会分析になっている．いいかえれば，セクシュアリティの問題を主題として取り上げた『親密性の変容』は，彼の現実社会に対する強い実践的関心を示す代表的な著作である．

セクシュアリティを分析する際に彼が注目しているのは，近代社会における再帰性の高まりである．近代社会では（車や鉄道など）さまざまな移動手段が発展し，またそれと同時にマスメディアが高度に発達することで，人びとの移動しうる（そして，知りうる）時‐空間が拡大し，世界的規模で時‐空間の共有化が進んだ．そうした時‐空間の大規模な変容の中で，人びとは適切な行為を選択するために，たえず自身の行為を振りかえり，周囲の変化にあわせて自身の行為を調整することを求められるようになる．このように行為を再帰的に構成してく必要性の高まりは，もちろんセクシュアリティを巡る問題についても例外ではなかった．

再帰性の高まりによって特徴づけられる近代社会においては，夫婦関係や恋人関係や親子関係といった親密な関係は，伝統や慣習に従って制度的に構築されるのではなく，個人同士が自覚的に構築していく社会関係となっていく．彼はこのような親密な関係の新しい特徴を「純粋な関係性」と呼んだが，しかしこのように再帰的に構築される個人同士の関係は安定したものになるとは限らない．彼は，嗜癖，共依存，そして性暴力といった現象を分析することを通じて，こうした関係がかえって抑圧や権力や暴力といったさまざまな問題におびやかされうることを明らかにしていく．

そして，こうした問題を乗り越えていくためには，公的領域を民主化するだけでなく，私的領域の民主化も推しすすめていくことが必要であると主張する．自由で平等な関係は公的な舞台においてだけでなく，親密な関係においても必要とされており，そしてそれは親密な関係への再帰的かつ自覚的な関与によって実現される．たしかに理想と現実との隔たりは大きい．しかし近代化がもたらした再帰性の高まりは，人びとが自らの手で関係を変革していく途をも開いたのである．

ギデンズ『親密性の変容』
（日本語版：而立書房）

第3章 コミュニケーション
なぜ世間はせまいのか――スモールワールド

辻　竜平

キーワード　　6次の隔たり　レギュラーグラフ　つなぎ替え　スモールワールドグラフ
　　　　　　　ワッツとストロガッツ

第1節　データ

　国連『世界人口白書』によれば，2011年10月31日に世界人口が70億人を超えた．一方，ソーシャル・ネットワーキング・サービスのフェイスブックでは，ユーザー数が2012年9月に10億人を超え，全世界的に利用されているという．したがって，世界人口の7分の1が，フェイスブックを利用しているという計算になる．

　フェイスブックには，申請し承認されると「友だち」になるという機能がある．では，フェイスブックの任意のユーザーから別の任意のユーザーまで，友だちのつながりをたどって最短距離で到達しようとすれば，平均してどのくらいの媒介者が必要だろうか．

> **データ**　フェイスブックにおける，任意の2ユーザーの距離は，平均4.7人である．すなわち，3.7人を媒介すれば4.7人目で誰にでも到達できる．

　概数を取れば，4人を媒介として5人目で，どんな人にでも到達できるということである（これを5ステップで到達するとか，5次の隔たりという）．このことは，多くの人たちにとって驚くべき短さと思われるのではないだろうか．「あなたの友だち」の「友だち」の「友だち」の「友だち」の「友だち」までたどると，世界中のどのような人にもおよそ到達できるというのである．何百人とか何万人とかと予想した人も，少なからずいると思う．

> **問1（パズル）**　なぜ，世界中の人びとが，たかだか5人の友だち関係をたどることで，到達できるのだろうか．

第2節 ── モデル

(1) 6次の隔たりとスモールワールド　あなたの友だちの友だちは，あなたにとって友だちであることも，ないこともあるだろう．ここでは，あなたの友だち（Aさん）の友だち（Bさん）がいて，その人（Bさん）があなたにとっても友だちの場合，その人に到達するまでに2ステップかかるのではなく，「1ステップ」で到達すると数える．一方，あなたの友だち（Aさん）の友だち（Cさん）がいて，その人（Cさん）があなたにとっては「友だちでない」とき，Cさんに到達するまでには「2ステップ」かかると数える．

このような数え方をしながら，5人目で世界中の人びとに到達するということである．つまり，自分の友だちの友だちが自分の友だちで「ない」とき，はじめて，友だち関係は自分が知っている人びとからなる世界を越えて，自分が知らない人びとからなる世界（外部の世界）につながっていくのである．そういった外部の世界に到達する過程を4回経ると，世界中の人びとに到達できるというわけである．

実は，フェイスブックが利用されるようになるよりはるかに前から，世界中の人びとが何ステップでつながるかという問題は検討されていた．アメリカの社会心理学者スタンレー・ミルグラム（1933〜1984）は，1960年代にアメリカ国内で手紙をリレーする実験を行って，人びとが5.5ステップ，つまりほぼ6ステップでつながるということを発表していた．

これは，「6次の隔たり」として一般の人びとにも知られるようになり，多くの研究者が，そのような現象がなぜ生じるのか説明しようとしたが，うまく説明できなかった．実験法の粗っぽさを指摘するものもあったが，知見そのものを全面否定するには至らなかった．

われわれは，日ごろは身近な人びとと暮らしていて，それらの人びとは友だちや知り合い同士である．それにもかかわらず，友だちの連鎖を6人たどれば世界の人びととつながるのはなぜだろうか．これは，研究者には「スモールワールド問題」として知られていた．1998年，アメリカの社会学者**ダンカン・ワッツ**（1971〜）と**スティーブン・ストロガッツ**（1959〜）がこの問題に挑み，ついに一定の結論を得たのであった．

(2) レギュラーグラフ　ワッツとストロガッツは，「スモールワールド問

| 仮定 1 | 人びとを点で表し，（直接的な相互関係である）友人関係があるとき，点と点をつなぐ線で表す．|

| 定義 1 | 全人口を円環上に並べ，各人がもっとも近接する k 人の他者全員と友人関係を持っているとき，これを「レギュラーグラフ」という．|

たとえば，図 3.1 は，人口 20 人，そのうちもっとも近接する 4 人の他者全員と友人関係を持つ場合のレギュラーグラフを表している．

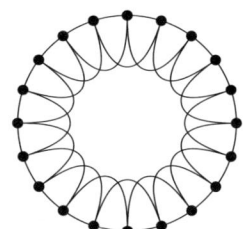

図 3.1 レギュラーグラフの例（人口 20 人，近接する 4 人全員と友人関係）

| 問 2 | レギュラーグラフは，世界の人びとがどのようなつながり方をしていると想定しているだろうか．|

レギュラーグラフは，その形状から「人びとは自分の住んでいる場所からもっとも近い範囲で友人関係を取りむすぶ」という状態を表している．つまり，「地理的」な近接性によって，人びとの交際の仕方が決まっているということを示しているのである（問 2 への解答例）．

もちろん，現代では，移動手段が発達しているし，インターネットを使えば，たちまち世界中の人びととつながることができる．このようなモデルは，おそらく現代に生きる人びとのモデルとしてあまり適切ではないかもしれない．とはいえ，地方の農村に行けば，集落の中で近所の人びと同士が協力しあって農作業を行っている．

また，このグラフでは，「友だちの友だちは友だち」という関係が，たくさん認められることにも注目しておきたい．ふだんの自分の人間関係を振りかえってみると，そのような側面が多々あると感じられるだろう．

(3) ランダムグラフ つぎに，レギュラーグラフをもとにして，線の「つなぎ替え」を行っていく．まず，任意の点を選び，そこから時計回りにもっとも近い点を結ぶ線を，ある確率pで切り離してから別の点につなぎ替える（つまり，確率pでつなぎ替わるが，確率$1-p$でそのままである）．以下，順次時計回りにつぎの点が選ばれ，その時計回りにもっとも近い点を結ぶ線をランダムにつなぎ替える．こうしてこの円周をひと周りするのが第1ラウンドである．

そして，第2ラウンドでは，もとの状態から各点の時計回りに数えて2番目に近い人との線をつなぎ替える．図3.1の場合は，片側に2人までしかつながっていないため，ここで終了する．一般的には，以下同様の手順を3番目，4番目，…と繰り返すと，すべての線がちょうど1度だけ，確率pでつなぎ替えのチャンスを得ることになる．

なお，もし$p=0$なら，つなぎ替えのチャンスが巡ってきても，実際にはつなぎ替えは行われない．また，$p=1$なら，チャンスが巡ってくればかならずつなぎ替えられる．pが0と1の中間にある場合のひとつの結果を示したものが図3.2で，「スモールワールドグラフ」と呼ばれる．

pが1のときのあるひとつの結果を示したものが，図3.3である．「ランダムグラフ」と呼ばれる．このようにpが0から1の状態に向かうほど，規則性が失われてランダムになっていく（そのためpはランダム化係数と呼ばれる）．

> **定義2** レギュラーグラフから少しランダム化したものを，「スモールワールドグラフ」という．完全にランダム化したものを「ランダムグラフ」という．

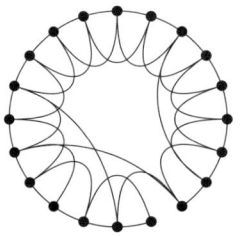

図3.2 スモールワールドグラフの例

図3.3 ランダムグラフの例

> **問3** ランダムグラフは，世界の人びとがどのようなつながり方をしていると考えられているだろうか．

ランダムグラフは，その形状から，「人びとは自分の住んでいる場所とは無関

係に人びととの友人関係を取りむすぶ」という状態を表しているだろう．つまり，地理的な制約はまったく受けずに，人びとの交際の仕方が決まっているということを示しているのである（問3への解答例）．

これは現代の人間関係をうまく表しているようにも思われる．しかし一方で，実際の自分の友人関係を考えると，「友人のうち，日本人がおよそ70分の1程度で，他は外国人」といったことは，ちょっと考えられない．やはりこれも，どこかしら現実のネットワークとはいえない側面を持っている．さらに，このグラフには，「友だちの友だちは友だち」といった関係は，ほとんど認められない（つながりのある2つの点を見つけ，その2つの点とともに関係のある別の点があるかをチェックすればよい）．

(4) 距離係数とクラスタリング係数 ここで，ある人から他者への距離を測定してみよう．ここでいう距離とは，最短距離のことである．たとえば，図3.1のもっとも下にある点からの距離を考えてみると，その両隣と，そのもうひとつ両隣までは直接につながっているので，その4人までの距離は1である．さらにもうひとつ両隣まで行くと，行き方は距離2である（各点への経路は2種類ある）ことが分かる．このように考えていくと，もっとも遠いもっとも上にある点までの距離は5であることが分かる（これも経路は2種類ある）．

定義3 ランダム化係数 p がある値を取るときの状態において，各点から他のすべての点への最短距離の平均を「距離係数」という．

定義4 ランダム化係数 p がある値を取るときの状態において，各点の隣人と隣人同士の密度の平均を「クラスタリング係数」という．

クラスタリング係数の値が高いと，「友だちの友だちは友だち」という関係が成立している可能性が高まる．すでにある点から2つの点に線がつながっているとしよう．クラスタリング係数が高くなるほど，これらの2つの点の間にも線がつながっている可能性が高くなるからである．

問4 ランダム化係数 p が0から1に変化するとき，距離係数とクラスタリング係数はどのように変わるだろうか．

第3節 —— 結　果

レギュラーグラフの場合を基準とし，p を 0 から 1 まで次第に変化させたときの相対的な変化量を見ることにする．人口 1,000，$k = 20$ とし，その結果を示したのが図 3.4 である．同じ p の値にたいして計算が 20 回行われて，その平均値がプロットされている．

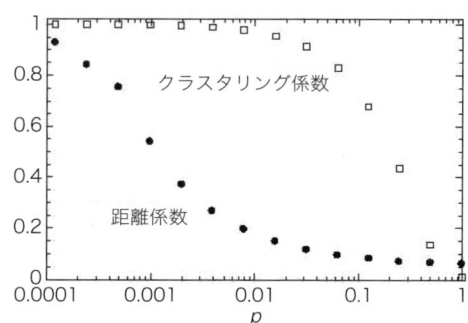

図 3.4 ランダム化係数 p による，距離係数とクラスタリング係数の変化（$p = 0$ を基準とした相対的変化量，ワッツより）

このグラフから分かるように，$p = 0$ からほんのわずかでも大きくなると，距離係数の値は，すぐに急激に減少を始め，その後安定する．それにたいして，クラスタリング係数の値は，最初は高い値を維持しているが，その後急激に減少する．これを p の値を前半・中盤・後半に大別して見ると，局面が 3 つあることが分かる．

結果 1　前半では，距離係数は高い値から低い値に向けて減少するが，クラスタリング係数は高値安定状態にある．中盤では，距離係数はすでに低くなっており，クラスタリング係数もまだ高い状態にある．このとき，両係数の差はもっとも大きくなっている．そして後半では，距離係数は一貫して低く，クラスタリング係数は高い値から低い値に向けて減少する（問 4 への解答例）．

問 5　中盤部分では，世界の人びととはどのようなつながり方をしているだろうか．

第4節 —— 考 察

(1) 中盤部分のつながり方　レギュラーグラフ ($p=0$) では,「友だちの友だちは友だち」という程度が高く, 任意の他者間の距離も長い. 中盤になると,「友だちの友だちは友だち」という程度はあまり変わらないが, 任意の他者間の距離が短くなる. さらにランダム状態 ($p=1$) になると,「友だちの友だちは友だち」という程度が低くなり, 任意の他者間の距離もまた短い.

中盤部分は, 図3.4でいえば $p=0.01$, すなわちランダムにつなぎ替えられた線が1%程度存在する状態である. このくらいだと, 残りの99%の線は身近な人たちとつながっている. つまり, 多くの人びとにとっては, 身近な人たちとのみつながっているという状態である. 同時に,「友だちの友だちは友だち」という状態が多く維持されている.

ところが, わずか1%ほどだが, ランダムなつなぎ替えがある. そのために, 知らず知らずのうちに世界の他者との距離は, レギュラーグラフの状態と比べてとても短くなっているのである (問5への解答例).

(2) スモールワールド・ネットワーク　たしかにインターネットが世界中に張りめぐらされた時代になり, たとえば筆者のフェイスブックの中には, 外国人や外国住まいの人たちがたくさんいる. おそらく, 研究者とか商社社員とか, 海外となんらかのつながりを持っているのが当然という職業が少なからずある.

大学生の中には, フェイスブックの「友だち」は, これまで通っていた小中高や現在の大学の人たちばかりで, 外国人の「友だち」はまったくいないという人もいるかもしれない. しかし, あなたはお父さん, お母さん, 大学のゼミの先生などを通じて, 知らず知らずのうちに世界とつながっているのである.

レギュラーグラフから少しばかりランダム化したスモールワールドグラフは, レギュラーグラフやランダムグラフと比べて, 我々が日常的に暮らしている日常的なつながり方ともっとも近い.「身近な人びとの中で暮らしている」という感覚を持っていると同時に,「友だちのつながりをいくらかたどれば全世界の人びとに通じる」という不思議さをもっとも端的に表すグラフだからである.

我々は, そのようなスモールワールドグラフ状のネットワークの中で生き

ているのである．そしてこれが，たかだか5人の友だち関係をたどることで，世界中の人びとに到達できる理由なのである（問1への解答例）．

第5節 ── 練習問題

（1）ランダムなつなぎ替え　　数学的意味でのランダムと，日常的意味でのランダムとの違いについて，考えを巡らしてみよう．

問6　現実の社会における「ランダムなつなぎ替え」とは，どのようなものだろうか．

ヒント　たとえば，クラスの席が隣の人と友人になることは，日常的な意味ではランダムであるとは思われないだろう．しかし，交際が一様にランダムに行われるという仮定の下では，隣の人と友人になることと，地球の裏側の南米のある人と友人になることは同じ確率で生じうるのである．

（2）友だちを越える　　あなたの友だち（Aさん）の友だち（Bさん）がいて，その人（Bさん）があなたにとっても友だちの場合には，その人はあなたの友だちの範疇を越えない．しかし，あなたの友だち（Aさん）の友だち（Cさん）がいて，その人（Cさん）があなたにとっては友だちでないときに，その人はあなたの友だちの範疇を越えることになる．

問7　どのような場合に，Bさんのように友だちの範疇を越えなかったり，どのような場合に，Cさんのように友だちの範疇を越えたりするのだろうか．

ヒント　集団への所属と，その重なり（共通であるか）という側面から考えてみよう．

（3）階層性があるネットワーク　　ある層の人たちはその中ではつながりやすいが，別の層の人たちとはつながりにくいかもしれない（図3.5）．

問8　階層内ではつなぎ替えが起こりやすく，階層間ではつなぎ替えが起こりにくい（また，階層をまたぐと，よりつなぎ替えが起こりにくい）とき，やはりスモールワールドは実現されるだろうか．

ヒント　友知（2008）は，層内と全体とでスモールワールドとなっているかを検討している．

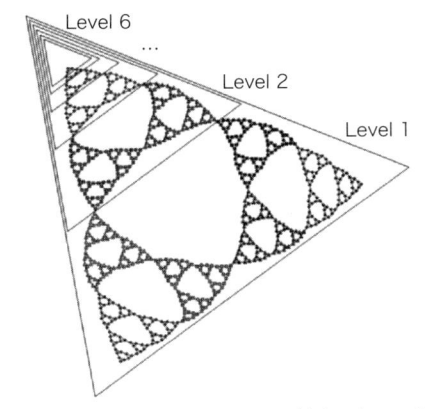

図 3.5 階層性のあるネットワーク（友知（2008）より）

読 書 案 内

●この章のオリジナル
ダンカン・ワッツ，2003（翻訳 2004），『スモールワールド・ネットワーク：世界を知るための新科学的思考法』阪急コミュニケーションズ．
　ワッツとストロガッツが，この章で紹介したモデルを発明するまでの過程が物語として綴られていく．また，問7に関わる説明もある．

●テキスト
辻大介・是永論・関谷直也，2014，『コミュニケーション論をつかむ』有斐閣．
　現代の社会学・社会心理学が，コミュニケーションをどのように扱っているかが分かる一冊．古典的理論から情報社会・災害まで幅広い．

●その他
矢久保考介，2013，『複雑ネットワークとその構造』共立出版．
　スモールワールド・ネットワークを含む複雑ネットワークに関する概論書．モデルの整理の仕方が社会学専攻の学生にはなじみやすいだろう．
アルバート＝ラズロ・バラバシ，2002（翻訳 2002）『新ネットワーク思考：世界のしくみを読み解く』NHK 出版．
　ワッツとストロガッツ陣営と相互に影響を与えつつスケールフリー・ネットワーク理論を提唱するに至った過程が描かれている．
友知政樹，2008，「スモールワールドの検証とフラクタルモデル」『ネットワーク科学への招待』サイエンス社．
　階層性のあるネットワークの場合の研究のひとつ．問8の答えもここにある．

コラム　パーソンズ『社会的行為の構造』と秩序問題

中井　豊

　タルコット・パーソンズは1902年，アメリカ・コロラド州に生まれた．1927年から1973年までハーヴァード大学で教鞭を取り，いわゆる社会学第3世代のリーダーの1人である（1979年没）．彼は，1924～26年にドイツのハイデルベルク大学に留学し，ヨーロッパ社会学第2世代の学説研究，とりわけヴェーバー研究とデュルケーム研究に傾注した．その成果として，帰国後1937年に『社会的行為の構造』を世に問うた．

　トーマス・ホッブズ（1588～1679）は，人びとが自分の欲求に基づいて行為を選択する状態を自然状態と呼び，「万人の万人に対する闘争状態」，つまり完全に無秩序な社会状態になるとする．そこでは，善悪の規範がなく自己の欲求のみが追求される．あまり他者をかえりみることはなく，他者との争いにより自身の欲求さえ満足できなくなるという悲劇的な状況である．しかしながら，現実の世界には一定の秩序が存在している．社会はいかにして可能か，これが，パーソンズが社会学の根本問題と呼んだ有名な「ホッブズ的秩序の問題」である．

　もちろん，ホッブズ自身は政治哲学の立場からこの問題への解答を提出している．つまり，人びとは生まれながらに自然権（自己保存のための力の行使）を持っている．これをただ1人の主権者である「国家」に委ねることに同意し契約することで，社会に秩序がもたらされると考えた．

　これに対し，パーソンズは，『社会的行為の構造』（1937年）の中で主意主義的行為論を展開する．主意主義（voluntarism）とは，人間の行為は本能と環境といった外的規定力から相対的に独立しており，本人の内面的努力に基づく選択の結果であるという見方である．しかしながら，人びとが主体的に行為するのであれば，社会は無秩序のままになるのではないか．

　そこで，パーソンズは主意主義的な行為の図式を打ちだす．主体的な人間は，目的を持ちそれを達成しようとする．そして彼を取りまく状況のうち制御可能な要素を手段として認識する．また，人びとに共通の理念や価値を自分自身の規範として意識する．人びとはこの図式の中で行為するわけだ．共通の理念や価値を人びとが内面化することで，ストレスなく社会の秩序が生まれることになる．ここに，功利主義に基づく快や得による行為論とは対極の行為論が，構成されたのである．デュルケームの連帯概念やヴェーバーの宗教社会学の影響が，見てとれる．

　さてパーソンズは，この行為理論に続いて，第2次大戦後の1951年に『社会体系論』を発表する．この著作によって，パーソンズは，社会をシステムとして包括的に説明する一般理論の構築を目指した．この考え方は社会システム論として，ドイツのルーマンや日本の今田高俊に受けつがれることになる．

パーソンズ

第4章 ボランティア

なぜボランティアをするのか――協力の進化

武藤正義

キーワード　囚人のジレンマ　しっぺ返し戦略　協力の進化　ゲーム理論　アクセルロッド

第1節 —— データ

　社会生活基本調査によれば，過去30年ほどの間，ボランティアに参加する人の割合は男女ともに25%前後で安定している．2011年では，男性24.5%，女性27.8%であった（図4.1）．参加している分野別では，まちづくりのための活動10.9%，子供を対象とした活動8.2%，安全な生活のための活動4.8%，自然や環境を守るための活動4.7%が多かった．

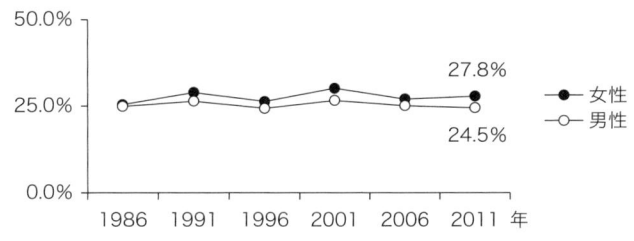

図4.1　男女別の15歳以上ボランティア参加者率（2011年，社会生活基本調査より）

> **データ**　ボランティア参加者の割合は，過去30年ほど，男女ともに25%前後で安定している．

　一方，ボランティアは1980年代後半から，NPOは1990年代後半から，メディアでよく報道されるようになった．NPOはボランティアを受け入れる非営利団体のことである．たとえば，朝日新聞でボランティアとNPOを含む記事数を調べたところ，1980年代には年間1,000件程度だったのが，1990年代に8,000件ほど，2000年代には1万件ほどへと増加した．

ボランティア参加者がふえているわけではないのに,なぜメディア報道が増加したのだろうか.

背景の第一に,家族による介護の限界と,政府の社会保障費の増大がある.これまで高齢者介護など家族のケアは,おもに主婦によって担われてきた.だが近年,高齢化社会の到来や女性の社会進出にともない,ボランティア,企業,政府などの支援が必要になった.しかし,企業は利益をみこめないと参加しにくい.高齢社会化により伝統的に高齢者福祉を中心とする政府の社会保障予算は激増している(2010年度に100兆円を突破).そのため,福祉の担い手として政府も企業も難しいので,ボランティアが社会的に期待された.

第二に,ボランティア分野が多様化してきた.1970年代まではボランティアといえば,福祉に限定されていた.しかし1980年代以降,環境,まちづくり,文化などの分野にもボランティア団体が現れはじめ,メディアがこれらを報じるようになった.さらに,1998年12月にNPO法(特定非営利活動促進法)が施行され,ボランティア団体が活動しやすくなった(問1への解答例).

問1(パズル) ボランティアには,参加してもよいし,しなくてもよいのに,なぜ参加する人がいるのだろうか.

この章では,アメリカの政治学者**ロバート・アクセルロッド**(1943〜)の「協力の進化」という考え方を用いて,**ゲーム理論**の立場からこの問を検討していこう.

第2節 ── モデル

(1) ボランティアとは 出発点として,「ボランティア活動」とそれ以外をわけるものはなにかを,考えてみよう.ボランティアと似たものに「奉仕活動」があるが,ボランティアとの違いはなんだろうか.それは「自発性の有無」といわれる.たとえばなにかの罰などとして嫌々やらされたゴミ拾いは奉仕活動ではあるが,ボランティアではない.それがボランティアであるためには,それが「好き」「楽しい」「意義がある」といった理由により自ら選択するという自発性が必要である.

とはいえ,自発的な活動がすべて,ボランティアであるわけではない.たとえばデポジット制度のように,空き瓶を拾ってお店に持っていくとお金と交換

してもらえるような場合には，金銭的な報酬があるからゴミ拾いを自発的に始めることもあるかもしれない．しかし，この場合はボランティアではなく経済活動に近い．ボランティアは，基本的に金銭的な報酬を伴わない「無償性」が必要であろう．

ただし，自発的に無償の活動をするだけでは，まだボランティア活動とは呼べない．自分の家族や友人が所有している家や庭のゴミ拾いは，自発的かつ無償の活動ではあっても，単なる家事や友人の手助けである．これに対して，街のゴミ拾いはボランティア活動といえるだろう．つまり，ボランティア活動には友人知人を超えるという「公共性」が必要である（岡本他編 2006）．

> **定義 1** ある活動が「自発的」で「無償」で「公共性」を持つとき，「ボランティア活動」（または単にボランティア）という．この活動に携わる個人も，ボランティアと呼ぶ．

ボランティアは，他者と関わるため他人にプラスの影響を与えうる．このような活動は「公共財の供給」と呼ばれる．たとえば公園，道路，景観，自然環境，灯台などが公共財の例に挙げられることが多い．逆に，たとえば街のスポーツクラブは会費を払っている会員しか利用できないので，公共財ではない．

> **定義 2** だれもが利用できる財（価値をもつモノやサービス）を，「公共財」と呼ぶ．

スポーツクラブは会費によって供給（運営）することができるが，公共財は利用者を限定することができないから会費を取ることが難しい．したがって公共財は，いわば全員からの会費である「税金」などによって供給されることが多い．

とはいえ，景観や美しい街並みは，税金だけで供給できるものではない．家の周りに花や草木を植えたり，清掃をしたりといった，人びとの努力の積み上げによってはじめて，これらの公共財は供給できる．そしてこのような活動は，公共の利益をもたらす自発的かつ無償の行為であり，ボランティアといえよう．

(2) 囚人のジレンマ ボランティアは，自発的な公共財供給といえ，基本的には実現が難しい．というのは，無償なため，費用に対する対価がないからである．しかし，ボランティア参加者は多くはないが，たしかに存在する．な

ぜ，人びとはボランティアをするのだろうか．ゲーム理論で考えよう．ゲーム理論では，ボランティアをすることはひろく「協力行動」と呼ばれ，しないことは「裏切り行動」と呼ばれる．

個人AとBがいて，植物とプランターを買ってきて，家の周りに花を植えることを考えよう．AもBも，ボランティアとして花を植えるか，植えないかという選択をする．以下では，わかりやすくするために，ボランティアの費用や公共財の価値をお金の単位で表現しよう．

個人Aは（手間も含めて）「3万円分」の費用をかけて，「2万円分」の価値をもつ景観を公共財として供給するとしよう（利益とよぶ）．このとき，隣家の住人Bや道行く人は，費用を負担することなく2万円分の価値を得ることができる．ただし，Aは利益2 − 費用3 = − 1万円分の赤字となる．

ところが，もし隣家の住人Bも同じように植物を植えてくれれば，合わせて4万円分の景観が得られる．このとき，AもBも差し引き利益4 − 費用3 = 1万円分の黒字となる．

この状況を整理すると，表4.1の「利得表」となる．ここで，Aが「植える」，Bが「植えない」を選択したときのAの利得は，右上セルの左 − 1万円，Bの利得は同じセルの右2万円となる．この状況は「囚人のジレンマ」と呼ばれる（**第14章も参照**）．

仮定1 ボランティアをするとき，人びとは囚人のジレンマ状況に直面している．

表4.1 花を植えるボランティアの利得表（囚人のジレンマ，単位は万円）

Aの選択	Bの選択	
	植える（協力）	植えない（裏切り）
植える（協力）	1, 1	−1, 2
植えない（裏切り）	2, −1	0, 0

問2 この状況で，人びとは花を植えるというボランティアをするだろうか．

(3) 繰り返しがない場合 Aの立場で考えよう．まず，Bが植えた場合には，Aは植える（1万円）より植えない（2万円）ほうが利得は高い．また，B

が植えない場合にも，Aは植える（－1万円）より植えない（0万円）ほうが利得は高い．したがって，Bの選択がどちらにしてもAは植えない方が，個人的な利得は高くなる．同様のことがBにもいえる．すると，AもBも植えないほうが合理的である（その結果，花はなく互いに利益0万円）．

結果1 この状況では，人びとはボランティアをしない（問2への解答例）．

しかし，じつは互いに植えた方が，公共財が供給されかつどちらにとっても利得が高くなる（互いに1万円）．そこで，AもBも選択に迷うかもしれない．この状況は互いに個人合理的に行為選択すると，社会的に非合理な結果になってしまう．

(4) 繰り返しがある場合 では，もし囚人のジレンマ状況が繰りかえされるなら，人びとは花を植えるというボランティアをするだろうか．ここまでは，1度だけの囚人のジレンマを想定してきた．しかし，現実の社会では我われは同じ地域に住みつづけ，何度もボランティアをするチャンスに出会うはずである．そこで，状況が繰りかえされるとどうなるかを，検討してみよう．

たとえば，花を植えるボランティアを月に1回ずつ10か月，つまり10回繰りかえすことを想定しよう．毎月，季節に応じて違う花を植えていくとしよう．

仮定2 ボランティアをするとき，人びとは囚人のジレンマ状況に繰り返し直面する．

このように囚人のジレンマを繰りかえすと，1回限りの状況とは異なり，「相手が過去にどうしたか」というデータを用いて，自分が今回どうするかを選択できる．「相手の行動に応じて，どのように自分の行動を変えるか」という行動の計画を，「戦略」という．

では，ここで人びとはどんな戦略を取りあうだろうか．本来は非常に多くあるが，とりわけ基本的なのはつぎの3つである．

定義3 ①相手の行動と無関係に，いつもボランティアをする（花を植える）とき，「いつでも協力戦略」という．②相手の行動と無関係に，いつもボランティアをしない（花を植えない）とき，「いつでも裏切り戦略」という．③初回はボランテ

ィアをし（花を植え），前回相手がボランティアしたなら自分もする，前回相手がしなかったなら自分もしないとき，「しっぺ返し戦略」という．

第3節 ── 結　果

（1）10回繰りかえしたときの利得表　もしいつでも協力戦略といつでも裏切り戦略が出会ったら，表4.1と変わらないので，つねにいつでも裏切り戦略の方が利得が高くなる．そのため，いつでも協力戦略を取る人はいないだろう．そこで以下では，しっぺ返し戦略がいつでも裏切り戦略とどう渡りあうかを見てみよう．

初回は，しっぺ返し戦略がボランティアをし，いつでも裏切り戦略がボランティアしない．2回目以降では，しっぺ返し戦略が相手の行動に合わせてボランティアをしなくなる．したがって表4.1より，しっぺ返し戦略の利得は初回－1，2回目以降0となり，合計－1万円となる．一方，いつでも裏切り戦略の利得は初回2，2回目以降が0なので，合計利得2万円となる．

同様に考えると，しっぺ返し戦略同士では，どちらも10回続けてボランティアしあうので，ともに1×10回＝10万円となる．いつでも裏切り戦略同士の合計利得は，どちらもボランティアしない状態が10回続くので，ともに0万円である．これを利得表として書きあらわすと，表4.2となる．

表4.2　しっぺ返し戦略といつでも裏切り戦略の利得表（囚人のジレンマ10回分，単位は万円）

Aの選択	Bの選択	
	しっぺ返し戦略	いつでも裏切り戦略
しっぺ返し戦略	10, 10	－1, 2
いつでも裏切り戦略	2, －1	0, 0

問3　この繰りかえされる状況で，人びとは花を植えるというボランティアをするだろうか．

（2）協力の進化　表4.2を，表4.1と同様に分析しよう．Aの立場で考える．まず，Bがしっぺ返し戦略の場合には，Aはしっぺ返し戦略（利得10）のほうが，いつでも裏切り戦略（利得2）より利得が高い．つぎに，Bがいつでも裏切り戦略の場合では，Aはしっぺ返し戦略（利得－1）よりいつでも裏切

り戦略（利得 0）のほうが利得は高い．したがって，B がしっぺ返しなら A もしっぺ返し，B がいつでも裏切りなら A もいつでも裏切りで対応することが，合理的である．まったく同様のことが B にもいえる．

すると，A と B どちらもしっぺ返し戦略を取る（利得はどちらも 10 万円）か，どちらもいつでも裏切り戦略を取る（利得は 0 円）ことになるだろう．どちらもしっぺ返し戦略ならば，両者とも最初から最後までボランティアをすることになる．

結果 2 囚人のジレンマが繰りかえされ，しっぺ返し戦略を取りあうならば，人びとはボランティアをする（問 3 への解答例）．

第4節 ── 考 察

(1) 複数の均衡 しっぺ返し戦略同士やいつでも裏切り戦略同士のように，たがいに相手に合わせて合理的に自分の戦略を取りあった状態を「ナッシュ均衡」と呼ぶ（**第14章**も参照）．じつは繰り返しのない囚人のジレンマ状況（表 4.1）で，全員がボランティアしないこともナッシュ均衡である．

ここではナッシュ均衡はこのひとつだけだったが，繰り返しがある囚人のジレンマ状況（表 4.2）のようにナッシュ均衡は複数あることがある．そうしたとき，どちらが実現するかは分からない．つまり，「全員がボランティアをする」か「全員がしないか」のどちらかが実現するはずだが，どちらになるかはこのままでは特定できないのだ．これは「均衡選択」の問題と呼ばれる．

問 4 しっぺ返し戦略同士と，いつでも裏切り戦略同士のうち，どちらが実現するだろうか．

(2) ボランティアは進化するか 均衡選択は「進化ゲーム理論」を使って考えることが多い．進化ゲーム理論は，「利得の高い戦略が増え，利得の低い戦略は減る」と仮定する．低利得をもたらす戦略は，はじめ多数いても，やがて減少していき絶滅するだろう．一方，高利得をもたらす戦略は，はじめ少数であっても，やがて増えて，進化して生きのこる．

ここでは，低利得者は，高利得者の戦略を「模倣」すると考えよう．しっぺ

返し戦略による協力が進化してボランティアが生きのこるだろうか．それとも，いつでも裏切り戦略が進化して，誰もボランティアしなくなるのだろうか．

まず，両者の一対一の対戦では，すでに確認したようにしっぺ返し戦略よりいつでも裏切り戦略の方が利得が高い．そのため，しっぺ返し戦略はいつでも裏切り戦略を模倣し最終的にいつでも裏切り戦略だけとなる．これではボランティアは生きのこれない．

しかし，社会にはたった2人しかいないわけではない．じつは，もし多数の人がいて，そのうちある程度の人がしっぺ返し戦略を取る（この場合いつでも裏切り戦略の1/8以上）ならば，模倣の結果しっぺ返し戦略が増えるのである．いわば，一対一ではいつでも裏切り戦略に負けるが，多数で連帯することでボランティアが生きのこることができるといえる．

結果3 しっぺ返し戦略を取る人がある程度いれば，ボランティアは進化できる（問4への解答例）．

第5節 —— 練習問題

(1) 清掃ボランティア

問5 街の清掃ボランティアなどでは，一緒にする相手が多数いるため，相手ごとに自分の行動を変えることは難しい．そのような場合，どうすればボランティアが実現するだろうか．

ヒント 第14章で環境問題を囚人のジレンマとして扱っているので，参考になるだろう．

(2) 相手が裏切ったらずっと裏切る場合

問6 しっぺ返し戦略と似ているが，初回は協力し（ボランティア参加し），もし相手が裏切ったら次回からずっと裏切る（参加しない）という戦略を考えよう（トリガー戦略という）．この戦略は，しっぺ返し戦略，いつでも協力戦略，いつでも裏切り戦略より，高い利得を得るだろうか．

ヒント 多様な戦略同士の比較については，アクセルロッド（1998）や大浦（2008）が詳しい．

(3) 4人の場合の進化

問7 繰り返しのある囚人のジレンマ（表4.2）で，しっぺ返し戦略が2人，いつでも裏切り戦略が2人いる状況を考えよう．ただし対戦は一対一で，他の3人と1か月に1度ずつ，総当たりで行うとする．このとき，ボランティアは進化するだろうか．

ヒント しっぺ返し戦略の合計利得は，もう1人のしっぺ返し戦略との対戦における利得10と，残り2人のいつでも裏切り戦略との対戦における利得$-1 \times 2 = -2$の和で，8である．一方，いつでも裏切り戦略の合計利得は4である．その結果，1人のいつでも裏切り戦略がしっぺ返し戦略に鞍替えして，しっぺ返し戦略が3人となる．ここでまた，しっぺ返し戦略といつでも裏切り戦略の利得を比較しよう．

読書案内

●この章のオリジナル
ロバート・アクセルロッド，1998，『つきあい方の科学：バクテリアから国際関係まで』ミネルヴァ書房．
　囚人のジレンマの繰り返しを人と人の「つきあい」に見たて，そこでの相互協力が進化する条件を，コンピューター・シミュレーションを用いて探究した．

●テキスト
岡本榮一・菅井直也・妻鹿ふみ子編，2006，『学生のためのボランティア論』大阪ボランティア協会．
　読みやすい入門書．ボランティアについて多くの人が知りたいような重要な事柄について懇切丁寧に解説している．

●その他
佐藤嘉倫，2008，『ゲーム理論：人間と社会の複雑な関係を解く』新曜社．
　社会学的なセンスで，ゲーム理論のエッセンスを分かりやすく解説している入門書．
大浦宏邦，2008，『社会科学者のための進化ゲーム理論：基礎から応用まで』勁草書房．
　進化ゲーム理論の中級レベルの教科書．社会学および社会科学を学ぶすべての人に向けて基礎から応用まで分かりやすく解説している．

| コラム | アクセルロッド『つきあい方の科学』とシミュレーション |

朝岡　誠

　シミュレーションと聞いて，歴史や文明をモチーフとしたゲームを連想する人も多いだろう．これらのゲームはいろいろなユニットに役割やパラメーターを与えて，これらのユニットを動かすことで楽しむためのものである．社会学で取りあつかうシミュレーションは，社会現象や人間行動を簡単な法則やメカニズムで表現し，コンピュータで解析する．この研究には大きく分けて2つの目的がある．ひとつは予測であり，もうひとつは思考実験である．

　第一の「予測」を目的としたシミュレーションで有名なものに，1972年にローマ・クラブが行った世界経済予測がある．ローマ・クラブは世界の人口や資源などの動態データを使って世界経済の変化を表現する緻密で複雑なモデルをつくり，世界経済の将来を予測した．その結果，近い将来に人口爆発や資源の枯渇，食糧危機が起こりうることを発表し，世界中に大きな衝撃を与えた．

　しかし，予測を目的としたシミュレーションを行うには現実社会を再現できる緻密なモデルが必要である．ローマ・クラブのモデルは最新鋭の技術や理論を駆使して作成されたため緻密なモデルといえる．とはいえ，時を経るごとに新しい技術開発や世界情勢の変化が生じるので，シミュレーションで社会を予測することにたいしては懐疑的な意見もある．

　第二の「思考実験」を目的としたシミュレーションは，人びとの行動がお互いに影響を及ぼすという相互作用をゲームに置きかえ，人びとの行動の積み重ねから車の渋滞や環境問題などの社会現象のメカニズムを説明するために用いられる．シェリングの分居モデルや，第4章のアクセルロッドの協力の進化モデルが，その代表例である．協力の進化では，囚人のジレンマ状況（互いに協力した方がよいのに，自分の利益のために互いに裏切りあってしまう状況）が繰りかえされるとき，どのような行動を取るべきなのかに興味を持ち，様々な研究者にプログラムを作成してもらって総当りのトーナメントを行った．その結果，「しっぺ返し戦略」が安定して高い利得を上げられることを明らかにした．多くのシミュレーション研究は，トーマス・シェリング（1921〜）とロバート・アクセルロッド（1943〜）のモデルをもとにしており，ネットワークやコミュニティの形成を説明するなどに用いられている．

　最近では都市工学の分野で，現実の住民データをもとに，シェリングのモデルを用いて予測シミュレーションが行われはじめた．このように，思考実験型のシミュレーションに現実のデータを組みこんだ「予測志向型」の研究も，増えつつある．とくにウェブサイトや携帯端末からビッグデータを収集し，精緻な都市環境モデルを作成して，交通・福祉・災害などの分野に応用されている．

アクセルロッド『つきあい方の科学』
（日本語版：ミネルヴァ書房）

第5章 コミュニティ

なぜ地域に違いがあるのか
── ソーシャル・キャピタル

大﨑裕子

キーワード　地域パフォーマンス　集合行為のジレンマ　ソーシャル・キャピタル　社会的ネットワーク分析　パットナム

第1節 ── データ

　厚生労働省によれば，2010年4月の全国の保育所入所待機児童数は2万6,275人だった．ただし，地域による偏りが大きく，都道府県別では最多の東京都で8,435人，以下神奈川県4,117人，沖縄県1,680人，大阪府1,396人と続く．少ないところでは，山梨県，長野県，福井県，鳥取県，宮崎県など10県が0人であった．

　少子化を乗りこえ，男女共同参画社会を実現するには，子育てをしやすいようにすることが不可欠である．そのために，国や自治体はさまざまな政策を打ちだしており，そのひとつが保育サービスの充実である．

　たとえば東京都では，認可保育所と認証保育所を合わせた施設数と定員は過去10年ほどのあいだに1.3倍に増加した．それでも，希望の保育施設に入ることができない「待機児童」は，むしろ定員の増加にもかかわらず増えている．

　2013年4月の東京23区の待機児童数は5,279人であり，就学前人口のうち1.3%であった．23区別に人数を比較すると，世田谷区884人（就学前人口のうち2.1%），練馬区578人（1.7%），大田区438人（1.4%），板橋区417人（1.7%）が多く，台東区46人（0.7%），葛飾区38人（0.2%），荒川区37人（0.4%），千代田区4人（0.2%）が少ない（図5.1）．

> **データ**　待機児童数は，（都道府県別，東京23区別など）地域によって大きく異なる．

　つまり，待機児童という問題にうまく対処した自治体もあれば，いまひとつという自治体もあるということである．そこで，地域による違いの原因を探っ

てみよう．

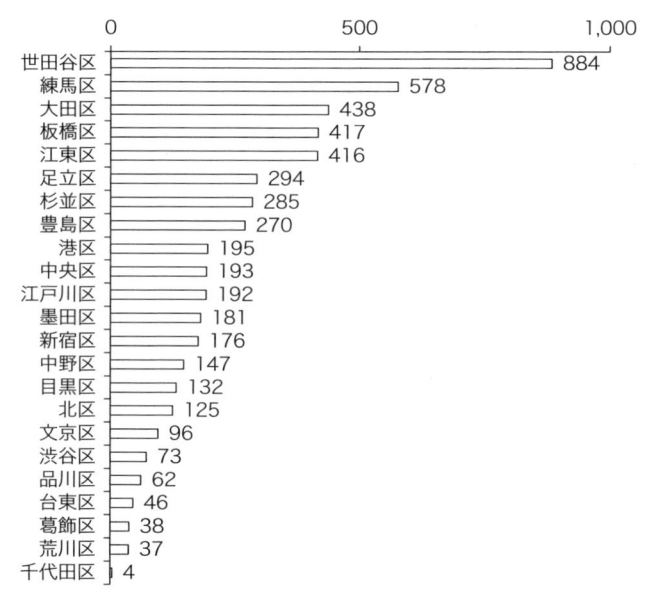

```
           0          500        1,000
世田谷区 ────────────────────── 884
 練馬区 ──────────── 578
 大田区 ────────── 438
 板橋区 ────────── 417
 江東区 ────────── 416
 足立区 ─────── 294
 杉並区 ─────── 285
 豊島区 ────── 270
  港区 ───── 195
 中央区 ───── 193
江戸川区 ───── 192
 墨田区 ───── 181
 新宿区 ──── 176
 中野区 ──── 147
 目黒区 ─── 132
  北区 ─── 125
 文京区 ── 96
 渋谷区 ── 73
 品川区 ── 62
 台東区 ─ 46
 葛飾区 ─ 38
 荒川区 ─ 37
千代田区 │ 4
```

図 5.1 東京 23 区別の待機児童数（2013 年，東京都福祉保健局より）

定義 1 地域における公的問題を解決するために自治体が政策を実施したとき，どれだけ有効であったかを「地域パフォーマンス」とよぶ．

問 1（パズル） なぜ地域によって，地域パフォーマンスに違いがあるのだろうか．

第 2 節 ── モデル

（1）住民の協力　まず思いうかぶのは，自治体の能力や財政力の違いだろう．これにたいし，**ソーシャル・キャピタル論**の立場から政策やサービスを「提供する側」ではなく，それらを「受ける側」である地域住民の性質が地域パフォーマンスに影響している可能性を指摘したのが，アメリカの政治学者**ロバート・パットナム**（1940 〜）である．

　パットナムはイタリアの南北地域の比較分析から，地域における人びとの「市

民性」の違いが,地域ごとの地域パフォーマンスに影響していることを示した.ここでいう市民性とは,人びとが地域の公的な問題に関心を持ち,行政にたいして効果的な公共サービスを要求し,また実行される政策にたいして協力的に行動する,といった姿勢を意味する.つまり,人びとが地域の共通目標の実現にたいして協力的であることが,よりよい地域パフォーマンスの条件であるという.

仮定1　人びとが地域の共通目標にたいして協力的である地域ほど,地域パフォーマンスが高くなる.

パットナムは分析の結果,図5.2のとおり,おおむね北部ほど市民的(ここではスポーツクラブの数や国民投票の投票率などで測定)で,そうした州ほど地域パフォーマンスが高いことを示した.南部は逆に,市民性が低く,地域パフォーマンスも低かった.

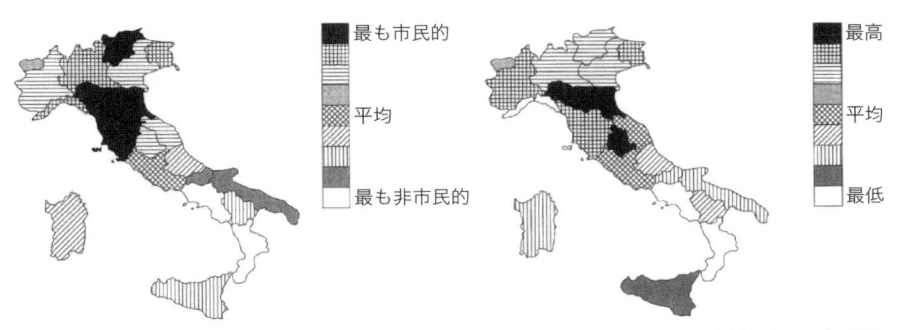

図5.2　イタリアにおける州ごとの市民性(左)と地域パフォーマンス(右)(パットナム(1993)より)

問2　人びとは,地域問題にたいしてどんなときでも協力的だろうか.

(2) 集合行為のジレンマ　個々人にとって,地域の問題のために協力することは,多かれ少なかれコストのかかることである.もし自分が協力的に行動しても,地域の自分以外の多くの他者が協力しないのだとしたら,自分は損をすることになる.そして他者が協力する保証はどこにもない.だとすれば,地域の問題など考えず,協力しないことが個々人にとって合理的である.けれど

も地域の人びとがみんなこのように考えて協力しなくなると，結果として，地域のパフォーマンスは悪くなってしまう．

投票行動を例に考えてみよう．たとえばある地域で20〜30代の若者が「選挙に行くのは面倒だし，どうせ自分以外の同世代の住民も投票に行かないだろう」と考えたとしよう．このように考えて選挙にいくことをサボる若者が地域全体として多くなると，結果的に（たとえば雇用や子育てなど）その地域の若者がかかえる問題は選挙の結果に反映されず，地域パフォーマンスが低下してしまう（ジレンマについては**第4章**，**第14章**も参照）．

定義2 人びとが共通の目標のために互いに協力することが望ましいとき，他者の協力が不確実である場合，個々人にとって協力しないことが合理的となる．その結果，共通目標が達成できない現象を「集合行為のジレンマ」という．

したがって，地域パフォーマンスの向上のために，人びとが地域の公的問題に協力的に取りくむことを期待するのであれば，集合行為のジレンマを克服する必要がある．どうすればそのために人びとの協力を引きだすことができるだろうか．

ひとつの方法は，法的手段によって人びとに「強制的に協力させる」という方法である．しかし協力の強制は，コストが高くつく．そこで，人びとの「自発的な協力を引きだす」必要がある．

問3 集合行為のジレンマにおいて，どのようなときに人びとは自発的に協力するだろうか．

(3) ソーシャル・キャピタル この問にたいし，パットナムは，地域におけるソーシャル・キャピタル（社会関係資本ともいう）が，人びとの自発的協力を引きだすことによって，ジレンマを克服すると考えた．パットナムによれば，ソーシャル・キャピタルが豊かな地域では，人びとが地域の目標のために自発的に協力する傾向がある．

定義3 信頼（他者が裏切ることなく協力的に行動するだろうと期待すること），一般化された互酬性の規範（将来的に返礼するべきという規範，以下「互酬性の規範」とも呼ぶ），市民参加のネットワーク（地域における町内会，趣味グルー

プ，ボランティアグループ，NPO，同業種組合などによるつながり）をまとめて「ソーシャル・キャピタル」とよぶ．

問4 ソーシャル・キャピタルによって，人びとの自発的協力はどのように引きだされるのだろうか．

ジレンマ状況において人びとが協力することができないのは，それが合理的な選択であるためであった．このとき，もしなんらかの理由によって，地域における自分以外の多くの他者が協力する可能性が高いと予想されるとしたら，自分が協力的に行動することは合理的な選択となる．つまり，人びとが自発的に協力するためには，自分以外の他者を信頼している必要がある．

仮定2 自発的に協力するためには，他者を信頼している必要がある．

では，どのような条件のもとで他者を信頼することができるだろうか．パットナムは，信頼，互酬性の規範，市民参加のネットワークの間につぎのような関係があると主張する．

仮定3 互酬性の規範が強い地域であるほど，人びとは他者を信頼する．

つまり，互酬性の規範が強く浸透した地域では，多くの人びとが「人に協力してもらったら，将来，協力しかえさなければならない」というルールに従って行動する．そのような地域では，他者を信頼するだろうというわけである．

仮定4 市民参加のネットワークが豊かな地域であるほど，互酬性の規範は強化される．

つぎに，市民参加のネットワークが豊かな地域であればあるほど，水平的な人間関係が広範囲にわたって形成されやすい．その結果，さまざまな人間同士の交流によって，互酬性の規範は強化される．

第3節 —— 結 果

以上から，地域パフォーマンス，協力，ソーシャル・キャピタルの間の関係

はつぎのように整理できる．まず，仮定3と4から，ソーシャル・キャピタルの3要素間の関係について，つぎの結果が導かれる．

結果1 市民参加のネットワークが豊かであるほど，互酬性の規範が強く，それにより人びとは他者を信頼する．

さらにこれと仮定1，2から，ソーシャル・キャピタル，協力，地域パフォーマンスの関係についてつぎのことがわかる．これらの結果をもとに，ソーシャル・キャピタルが「乏しい地域」と「豊かな地域」に分けたとき，それぞれのメカニズムを比較したのが表5.1である．

結果2 ソーシャル・キャピタルが豊かな地域であるほど，人びとは協力的であり，その結果高い地域パフォーマンスが達成される（問1への解答例）．

表5.1 ソーシャル・キャピタルから地域パフォーマンスへのメカニズム

	ソーシャル・キャピタル乏しい	ソーシャル・キャピタル豊か
市民参加のネットワーク	少ない	多い
	↓	↓
一般化された互酬性の規範	弱い	強い
	↓	↓
他者にたいする信頼	低い	高い
	↓	↓
協力の合理性	協力は非合理的	協力は合理的
	↓	↓
協力のレベル	低い	高い
	↓	↓
地域パフォーマンス	低い	高い

第4節 ── 考 察

（1）水平的なネットワークと垂直的なネットワーク 互酬性が市民参加のネットワークによって強化されるという仮定4は，「水平的」な人間関係の中で発達することを意味した．一方，「垂直的」な人間関係，つまり権力関係に基づくネットワークを蓄積してきた地域というのも当然ある．パットナムによれば，そのような垂直的なネットワークは互酬性を発達させることはなく，結果としてよい地域パフォーマンスには結びつかない．

したがって，単に人間関係のネットワークがたくさんあればよいということ

ではない．権力関係ではない，平等な人間関係に基づく水平的なネットワークの蓄積が，地域パフォーマンスを高める要因であるということも，パットナムの示したモデルのポイントである．

(2) ソーシャル・キャピタルと協力の循環　ソーシャル・キャピタルの3要素の間には，「ネットワーク→規範→信頼」という関係が，さらにソーシャル・キャピタルと協力の間に「ソーシャル・キャピタル→協力」という関係が想定されていた．これらの原因と結果の関係は，一貫して一方向とされた．しかしこれらには，逆の因果関係はないのだろうか．

問5　ソーシャル・キャピタルの3要素間の関係，およびソーシャル・キャピタルと協力の関係は，一方向の関係のみだろうか．

パットナムは，地域におけるソーシャル・キャピタルの3要素と協力の関係は，長い時間をかけて循環し，それぞれの要素は自己強化されていくと考える．つまり，ソーシャル・キャピタルの豊かな地域は人びとの自発的協力を促進することによってますますソーシャル・キャピタルを蓄積する．逆に，ソーシャル・キャピタルの乏しい地域では，人びとは非協力的であるため，ますますソーシャル・キャピタルが乏しくなる．ソーシャル・キャピタルと協力の間のこうした好循環・悪循環は，地域間に今ある地域パフォーマンスの違いを，ますます広げてしまうかもしれない．

第5節 ── 練習問題

(1) 国別の環境配慮度の違い　総務省「世界の統計2013」によると，2003～2005年（国により異なる）の先進各国における紙のリサイクル率（各国内消費量に対してリサイクルするために収集された量の比率）は，スイス74％，スウェーデン74％，オランダ72％，日本66％，イギリス56％，アメリカ50％，カナダ46％などとなっている．

問6　国によってリサイクル率に違いがあるのは，国レベルのソーシャル・キャピタルの違いによって説明できるだろうか．

ヒント　リサイクル率は，国レベルの地域パフォーマンスのひとつと考えられる．この場

合の協力行動・非協力行動はなにかを考えよう．

(2) 都道府県別の育児中女性就業率の違い　2012年就業構造基本調査によれば，25〜44歳の育児をしている女性の就業率は，島根県74.8％，山形県72.5％，福井県72.1％などで高いのにたいし，埼玉県46.4％，兵庫県43.2％，神奈川県41.1％などで低い．

問7　地域によって，育児中の女性の就業率が異なるのは，なぜだろうか．

ヒント　森岡編（2008）が，地域における育児支援の違いについて解説している．

(3) 都道府県別の犯罪率の違い　警察庁によれば，2012年の都道府県別の犯罪率（人口10万人当たりの刑法犯罪認知件数）は，大阪府1,659.5件，福岡県1,420.6件，愛知県1,413.5件，東京都1,303.0件などが高いのに対し，山形520.1件，岩手497.3件，秋田396.1件などが低い．

問8　地域によって，犯罪率に違いがあるのは，なぜだろうか．

ヒント　パットナム（2000）は，地域の安全とソーシャル・キャピタルの関係について論じている．

読書案内
●この章のオリジナル
ロバート・パットナム，1993（翻訳2001），『哲学する民主主義』NTT出版．
　地域パフォーマンスの違いを，ソーシャル・キャピタルの違いとして説明している．世界中でソーシャル・キャピタル研究が注目されるきっかけとなった．

●テキスト
森岡清志編，2008，『地域の社会学』有斐閣．
　現代日本の地域社会を子育てや高齢者福祉，経済などの多様な側面から分析し，増大する地域の重要性について分かりやすく解説している．

●その他
山岸俊男，1998，『信頼の構造』東京大学出版会．
　日本における信頼研究の第一人者による著書．信頼の構造および信頼と協力の関係について，詳細に解説している．

ロバート・パットナム，2000（翻訳 2006），『孤独なボウリング：米国コミュニティの崩壊と再生』柏書房．
　アメリカ社会におけるソーシャル・キャピタルの衰退の原因と帰結を，さまざまな領域のデータから分析している．

ジェームズ・コールマン，1990（翻訳 2004），『社会理論の基礎』（上・下）青木書店．
　ソーシャル・キャピタルの構成要素である信頼，規範，ネットワークの構造についてそれぞれ詳細に解説している．パットナムと並んでソーシャル・キャピタル論の代表的著書．

コラム　コールマン『社会理論の基礎』と合理的選択理論

佐藤嘉倫

　合理的選択理論は，人間行動の合理性を仮定して，そこからさまざまな社会現象を説明しようとする．第14章の環境問題のモデルが典型例である．人びとが自己利益を追求した結果として，かえって自分たちにとって不都合な環境問題が生じてしまう．これは意図せざる結果の一例でもあるが，合理的選択理論は意図せざる結果が生じる過程を厳密に分析することができる．

　また第9章で扱う予言の自己成就の分析も，合理的選択理論の得意とする領域である．銀行の取り付け騒ぎを例に取ろう．人びとはある銀行が危ないという噂を聞いて，自分の預金を引きだそうとする．これは人びとにとって合理的な選択である．しかしそのような人びとの選択が集積すると，銀行の現金が不足して本当に銀行が危なくなってしまう．

　このメカニズムはミクロ・マクロ・リンクとして一般化できる．このことに本格的に取り組んだのがジェームズ・コールマン(1926～1995)の『社会理論の基礎』(1990年)である．第13章で，ヴェーバーのプロテスタンティズムの倫理と資本主義に関する理論が紹介されている．コールマンはこの理論を，つぎのように定式化した．①プロテスタントの宗教教義は信者に特定の価値を植えつける（マクロレベルからミクロレベルへの移行）．②その価値をもった個人は経済活動に対して特定の方向づけを受ける（ミクロレベルにおける合理的選択）．③この方向づけは社会レベルにおいて資本主義的経済組織が生じることを促す（ミクロレベルからマクロレベルへの移行）．このように，プロテスタンティズムの倫理が資本主義を生みだすというマクロレベルの命題は，いったんミクロレベルをくぐらせることで，より厳密に定式化できる．

　しかし，この理論にたいする批判も多い．その最たるものは「人間はそれほど合理的ではない」というものである．もちろん合理的選択理論家も人間の合理性が完全であるとは考えていない．あくまでも合理性の仮定は理論的なものである．この仮定によって社会現象を説明できるならば，問題はない．問題が生じるのは，この仮定では社会現象を説明できない場合である．

　合理的選択理論では，この問題に対処するために合理性の仮定を緩めてきている．従来の合理性の仮定は「前向き合理性」と呼ばれるものである．将来自分にとって望ましい結果を生みだすと考えられる選択肢を，現時点で選択するという合理性である．しかし合理性概念はこれだけに留まらない．近年よく用いられるのは「後ろ向き合理性」である．これは，過去の経験を参考にして，現時点での選択を行うという合理性である．もっとも単純な仮定は，過去にうまく行った行動を現時点でも選び，過去にうまく行かなかった行動は現時点では選ばずに別の行動を選ぶというものである．

　合理的選択理論は仮定や命題の導出過程が明快なだけに，批判も受けやすい．しかしそれは科学理論として健全であることを示してもいる．

コールマン『社会理論の基礎』
（日本語版上巻：青木書店）

第6章 社会心理

なぜ流行が起こるのか——いき値

友知政樹

キーワード　　流行　いき値　バンドワゴン効果　クリティカル・マス　グラノベッター

第1節 —— データ

　総務省によれば，PHS（personal handy-phone system）を含む携帯電話は，1990年に日本人の中で0.6%が使用していた．これが2012年には98%となった（図6.1）．携帯電話は1980年代に実用化された．その後20年ほどで急速に普及し，ほぼすべての人が手にできたことになる．

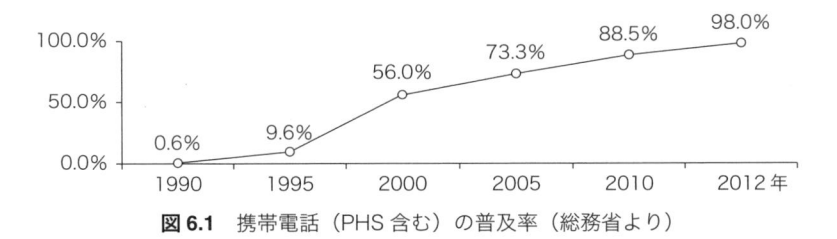

図6.1 携帯電話（PHS含む）の普及率（総務省より）

> **データ**　携帯電話は，この20年間で1%から98%まで使用者が拡大し普及した．

　流行とは，新しい行動や考えが，社会にだんだんと広がり，その結果多くの人びとがその行動を取る（あるいはその考え受けいれる）ようになることをいう．「普及」ともいう．社会心理学における集合現象のひとつである．

　2001年の映画「千と千尋の神隠し」は，国内での歴代観客動員数トップで2,350万人という．日本人のほぼ5人に1人が観たことになる．他に，流行のファッションやヘアスタイル，流行歌，流行語，流行のデザイン，流行のレストランなどがあるだろう．インフルエンザのような伝染病も，流行現象のひとつ

である.

　一方で，流行とはならず，普及しないものもある．PHS はこの 20 年間，普及率が 3％前後であり，2012 年は 2.4％だった．映画は国内で（邦画洋画あわせて）毎年 1,000 本ほど公開されているが，ほとんどは話題にすらならないだろう.

> **問 1（パズル）**　なぜ流行が起こることもあれば，起こらないこともあるのだろうか.

　この章では，**マーク・グラノベッター**（1943 ～）の「いき値」モデルを用いて，どう流行が発生するのかというメカニズムを解明していこう．グラノベッターはアメリカの社会学者で，他に弱い紐帯の強さ（**第 8 章参照**）も提案している.

第 2 節　── モデル

　(1) いき値　　流行とは集合行動の一種であった．したがって，人びとが集団からどのような影響を受け，同時にどのように影響を与えるのかを考える必要がある．そこで，集団「全体」を分析するのではなく，携帯電話を使う，映画を観るなどの「流行に乗るのか乗らないのか」という「個々のメンバーの行動」を分析していく.

> **仮定 1**　人びとは，「流行に乗る」か「乗らない」かという 2 つの選択肢のみ持っている.

　では，人びとは流行に乗るかどうかを，どのように決めるだろうか．確固とした信念をもって映画やファッションを選ぶ人もいるだろうが，多くはないだろう．むしろ，「なんだか流行しているみたいだから，乗り遅れないように自分もやってみようかな」と考える人のほうが，大多数ではないだろうか．とすると，つぎのような仮定が自然だろう.

> **仮定 2**　ある人が流行に乗るかどうかは，「集団の中でどれだけの人が流行に乗っているのか」で決まる.

第 2 節 —— モデル

定義 1 集団の中で流行に乗っている人がある割合になったとき，ある人が流行に乗るなら，その割合をその人の「いき値」という．

たとえば，世の中で携帯電話を使っている人がほとんどいないときは，まだ買わない．ところが，実際に購入し使っている人がだんだんと増えてきて，(30%とか70%など）自分のいき値を超えたら，ついに自分も意を決して買うだろう．このように，いき値モデルは「人間の意思決定は，その集団内のほかの人の意思決定だけに依存する」と見なしている．

もしある人のいき値が10%など低いなら，「流行に敏感な人」であり，全体の1割の人が採用したら自分もすみやかに試してみる．「新しもの好き」「流されやすいタイプ」ともいえるかもしれない．

もしいき値が90%など高いなら，「流行に慎重な人」を意味し，周囲のほとんどの人が採用してはじめて自分もするだろう．「流行にうとい人」「様子見をするタイプ」ともいえる．

いき値は「しきい値」ともいう．生物学や工学でも，状態が変化するときの境目として用いられている．

(2) いき値の個人差 つぎの仮定は，人びとは多様であるため，いき値には個人差があるというものである．世の中にはさまざまな考え方を持つ人が存在しているだろう．そのため，3%や10%など小さな値のいき値を持つ人もいれば，90%や98%など大きな値を持つ人もいる．中間くらいの値の人もいるであろう．

仮定 3 人びとのいき値には，個人差がある．

たとえば，100名の構成員からなる集団AとBとCがあるとしよう．いき値に個人差があるということは，人びとが多様ないき値を持つということである．表6.1は「どのいき値を持つ人が何人いるのか」という分布を表す

集団Aには，いき値が0%から99%（つまり100人中0人から99人）まで，各1名ずついる．集団Bには，1%の人がいなく，2%の人が2人いることだけがことなる．

集団Cでは，いき値が大きくなるにつれてそのいき値を有する人がだんだん

増加していくとしよう.しかし,その人数は増えつづけるのではなく,いき値がだいたい中間を超えると,すこしずつ減少していくとしよう(ここではいき値 13〜23% に 1 人ずつ,24〜34% に 2 人ずつ,35〜45% に 3 人ずついて,そのあとは 46〜56% 2 人,57〜67% 1 人,68% 以降 0 人へと減っている).つまり,集団 C のいき値の分布は山なりになっている.極端に小さないき値や極端に大きないき値を持つ人は少なく,中間程度のいき値の人が多くなっている(図 6.2).

表 6.1 いき値の分布の例(各集団に 100 人いる)

いき値	集団 A における人数	集団 B における人数	集団 C における人数
0% (0 人)	1 人	1 人	0 人
1% (1 人)	1 人	0 人	0 人
2% (2 人)	1 人	2 人	0 人
3% (3 人)	1 人	1 人	0 人
⋮			
34% (34 人)	1 人	1 人	2 人
35% (35 人)	1 人	1 人	3 人
⋮			
99% (99 人)	1 人	1 人	0 人

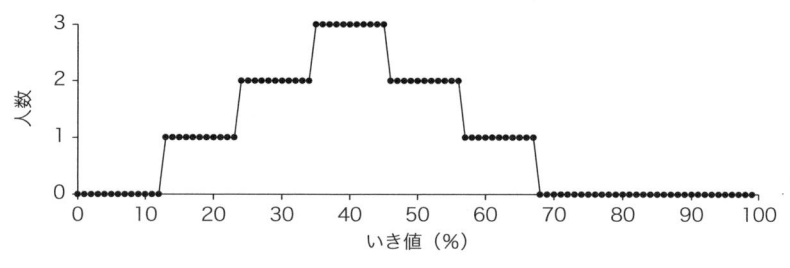

図 6.2 集団 C のいき値の分布

(3) いき値の不変性 最後の仮定は,「各個人のいき値は,いつでも一定で変化しない」というものである.人の性格はコロコロと簡単に変わるものではなく,「流されやすいタイプの人がその逆のタイプに変化することはない」ということを表現している.

仮定 4 人びとのいき値は,一定で変化しない.

たとえば，いき値が2%の新しもの好きな人は，いくらあるファッションが普及したとしてもいき値はそのままである．けっして「流行しすぎたから，もう自分は別の流行に乗りかえよう」とはできない．

問2 人びとがどのようないき値を持つとき流行が発生し，どのようなときに発生しないのだろうか．

第3節 ── 結　果

(1) バンドワゴン効果が働く場合　　いき値が0%の人が1名いると，ある時点で誰も携帯電話を持っていなくても，その人は取りいれることになる．そのため，集団Aにおいて，いき値0%の1人がまず「携帯電話って誰も持っていないけど，なんだかよさそう」と思って使いだし，流行のスイッチを押す．いき値1%の1人は，他に1人でも採用者がいれば流行に乗るので，「ああ1人いるなら自分も携帯を使ってみよう」となる．これで合計2名（2%）が携帯電話を持った．さらにそれを受けて，いき値2%の1人が流行に加わることになる．

こうして集団Aでは，いわばドミノ倒しのようにパタパタと携帯電話使用者が広がっていく．この連鎖が，最終的に集団A全員の流行参加という結果をもたらす．これが，いき値モデルによる流行の発生のメカニズムである．

このような連鎖効果は「バンドワゴン効果」と呼ばれる．「バンドワゴン」とは行列の先頭の楽隊車のことであり，集団を引っぱるという意味合いが込められている．

(2) バンドワゴン効果が働かない場合　　次に集団Bについて考えよう．集団Bにもいき値0%の人が1人いるので，流行の始まりのスイッチが入る．その結果，バンドワゴン効果が働いて，メンバー全体に流行の連鎖が広がりそうである．

しかし，つぎのいき値1%の人がいないので，その後の連鎖は発生せず，流行へとは発展しないことに注意しよう．つまり，集団Bではバンドワゴン効果が発生せず，流行への参加はいき値0%の1人だけに限られてしまう．

したがって，集団Aの状況とは大きく異なり，携帯電話は社会全体へと広

っていかないのである．これは，いわば流行が「発生しない」メカニズムを表している．

結果1 バンドワゴン効果が働くと，流行が発生する．働かないと，流行が発生しない（問1への解答例）．

(3) クリティカル・マスがある場合 集団Cはどうだろうか．ここで，集団Cのメンバーを，いき値が小さい人から順に積み上げでみよう（図6.3）．横軸はいき値，縦軸は累積した人数の%を表し，「累積相対度数分布図」と呼ばれる．ただし変化をなめらかにしてある．

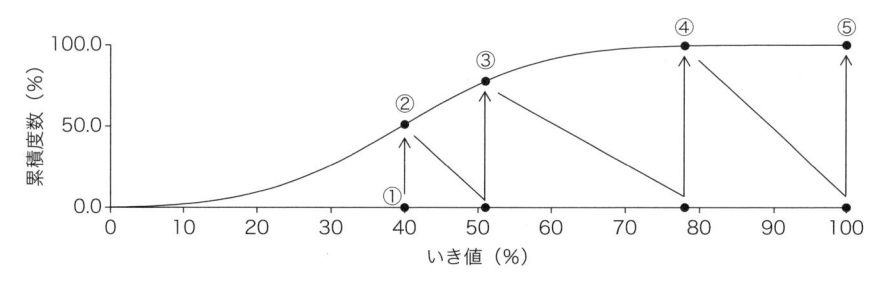

図 6.3 集団Cの累積相対度数分布

ここで，もし最初の時点で集団Cのうち40人（つまり40%）の人が携帯電話を使っていたとしよう（図の①）．すると，いき値が40%までの人は合計すると51人いるので，次の時点（たとえば翌月）にはあらたに11人が携帯を使いだし，合計51人（つまり51%）が携帯使用者となる（②）．

いき値が51%までの人は78人いる．したがって，そのつぎの月には合計78人（つまり78%）が使用する（③）．同様に，つぎの月には100人となり（④），そのつぎの月についに全員が携帯を使いだすだろう．ここからは，翌月もその翌月も，全員が使用しつづける．流行が拡大し，完全に定着した状態である．

このように次つぎと流行参加者の割合を求めていくと，最終的に流行参加者の割合がある割合（ここでは100%）に到達し動かなくなる．この到達点を「均衡点」と呼ぶ．

一方，もし最初の時点で30人が携帯電話を使っていたとしよう．すると，いき値30%までの人は合計19人いる．そのためそのつぎの月には，11人が「そ

んなに少ないなら，もう使うのをやめよう」と携帯電話の使用をやめて，合計19人まで使用者が減るだろう．その次の月には7人となる．

この集団では，最低でも13人（13%）が採用していないと，流行に乗る人がいなかった．そのため，携帯使用者が7人（7%）だと，翌月にはついに使用者が0人となってしまう．そして，翌月もその翌月も，使用者は現れないだろう．この場合は「0人」が均衡点となる．流行に発展せず下火になったわけである．

最初の時点での採用者の割合（初期値という）によって，結果が二分された．この点を境に，あるときは流行が拡大し，あるときは流行が沈静化するのである．クリティカル・マスは「臨界量」「限界質量」「ティッピング・ポイント」と呼ばれることもある

定義2 その人数を超えると流行が発生し，超えないと発生しないとき，その人数を「クリティカル・マス」とよぶ．

問3 集団Cで，最初の時点の流行採用者がどれくらいいれば，流行が拡大するだろうか．クリティカル・マスを求めよ．

ここまでの分析から，最初にたくさんの人が流行に乗って初期値が大きいほど，普及しやすそうだと予想できる．実は，クリティカル・マスは45度線を引くことで，求められる．図6.4で，破線の45度線と累積度数分布が交わる点が，クリティカル・マスとなる．この場合，33人であった．

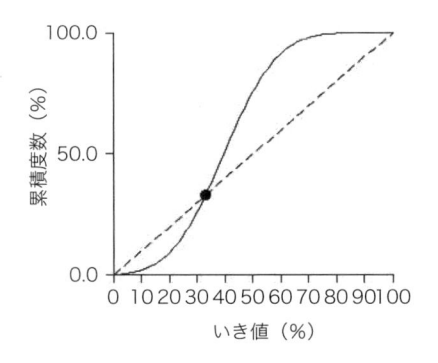

図6.4 集団Cの累積度数分布と45度線

したがって，もし最初に採用者が32人以下だったら，流行は起こらない．33

人だったら,「これくらいがちょうどいいかな」と全員が考え,そのまま増加も減少もしない. 34人以上が採用していたら,流行が広がるだろう.

結果2 クリティカル・マスが存在するとき,初期値がクリティカル・マスより大きいと,流行が発生する. ちょうど同じなら,採用者が増加も減少もしない. クリティカル・マスより小さいと,流行が発生しない（問1～3への解答例）.

第4節 ── 考　察

　実は,集団Aと集団Bにもクリティカル・マスが存在する. 集団Aでは初期値が0人以上なら（つまり何人であっても）ブームとなったので,クリティカル・マスは「0人」だった. 一方,集団Bでは初期値が2人以上ではじめて流行となったので,クリティカル・マスは「1人」であった. このように,結果2は結果1を含んでいるのである.

　さて,集団Aと集団Bは,非常に似かよった集団だった. しかし,最終的に流行が発生するかどうかに関しては,大きな違いがあった.

　集団Cでは,同一の集団であってもクリティカル・マスを超えたときとそうでないときで,まったく違った集合行動となりうることを示している. 集団における少しの違いが,大きな結果の違いにつながることがあるのだ.

第5節 ── 練習問題

(1) テレビ　　消費動向調査によれば,2014年の薄型テレビの普及率は単身世帯で89.6%,夫婦中心の一般世帯で96.5%だった.

問4 なぜ,単身世帯と一般世帯で,普及率に違いがあるのだろうか.

　ヒント　グループごとに,人びとのいき値の分布を具体的に考えてみよう.

(2) サッカー　　2002年に日韓でサッカーワールドカップが開催され,サッカーが日本でひろくブームとなり,多くの日本人がサッカーファンとなった. 一方,1994年にアメリカで開催されたときは,アメリカでサッカーブームはお

こらなかった．

問5 なぜ，日本ではサッカーがブームとなり，アメリカではならなかったのだろうか．

ヒント　日本人もアメリカ人も集団Cのようないき値を持つとして，クリティカル・マスを想定してみよう．

(3) 音楽　オリコンによれば，2013年12月末まで100万枚以上を売りあげた曲（ミリオンセラー）は259曲ある．このうち，1970年代は24曲，1980年代12曲，1990年代173曲，2000年代26曲だった．

問6 なぜ，ミリオンセラーは1990年代に集中しているのだろうか．

ヒント　仮定4で人びとのいき値が不変だとしたが，これを見なおしてみよう．

読書案内
●この章のオリジナル
マーク・グラノヴェター，1978（翻訳2015），「集合行動のいき値モデル」小林盾・金井雅之・佐藤嘉倫編『リーディングス合理的選択理論』勁草書房．
　流行がなぜ起こるのかを，理論的に分析した．いき値モデルを最初に提案した論文．

●テキスト
山田一成・結城雅樹・北村英哉，2007，『よくわかる社会心理学』ミネルヴァ書房．
　流行を含む集合行動を，社会心理学の立場から解説している．人名索引，事項索引もつき親切．

●その他
井上俊・長谷正人編，2010，『文化社会学入門：テーマとツール』ミネルヴァ書房．
　文化社会学の入門書．「消費社会の文化」「日常生活の文化」「グローカル社会の文化」などについて解説されている．
NHK放送文化研究所世論調査部，2008，『日本人の好きなもの：データで読む嗜好と価値観』日本放送出版協会．
　アンケート調査に基づいて，日本人はどのようなものが好きかを，食べ物，動物，スポーツ，余暇，歌手，テレビ番組など分野ごとに紹介している．

コラム　マクルーハン『グーテンベルクの銀河系』とメディア論

遠藤　薫

　マーシャル・マクルーハン (1911～1980) はまさに「時代の子」であった．事実として，彼は時代潮流の結節点として現象し，またそれを表現した．

　マクルーハンによれば，『グーテンベルクの銀河系』(1962年) の目的は，印刷技術によって形成された文化が生みだしたさまざまな問題に対して「モザイク的なアプローチ」を開発することである．すなわち，もろもろの「証拠として持ち出されるおびただしい資料や引用が描き出すモザイク的イメージ」が，「本書の研究の中心課題である銀河系もしくは星座を創り出すことには違いがなく，この銀河系はそれ自体たえず相互作用をくり返している構成組織が創り出すモザイクなのである．そしてこのモザイクは万華鏡的変質をとげてきたのであり，とくにわれわれの時代においてはそうであった」と彼はいう．この宣言は，彼の著作に対する批判「論理的でない」「格言や警句や象徴詩のようなもの」（井上ひさし）が，まさに彼の目指していた意味の空間の表現であることを示しているといえる．しかし，その意義はいまだに十分理解されてはいない．

　1962年にアメリカ国防総省高等研究計画局 (ARPA) に着任したリックライダーは，翌年「銀河系間コンピュータ・ネットワークに関する覚書」を書いた．この「銀河系間ネットワーク」構想が，その後 ARPANET (1969年稼働) として実現され，今日のインターネットへと展開したのである．リックライダーは，コンピュータを計算機ではなくコミュニケーション・ツールとみなし，そのコンテンツは蜘蛛の巣（ウェブ）状の連鎖によって相互接続されるべきだと考えた．このアイディアはインターネットとして実現され，1993年に開発されたマルチメディア・ブラウザ「モザイク」によって爆発的に普及した．

　マクルーハンは「預言者」ではなかった．マクルーハンは，文学者として知られているが，機械工学の学位も取得している．彼は当時の情報科学の方向性を彼なりの形式で表現したのだ．当時，一般に普及しはじめていたのはテレビだったが，技術はもっと先行していた．一方，リックライダーも，ネットワークの技術開発者であるよりも，心理学の博士号を持つ，未来ビジョン提示者であった．彼らの間に直接的な関係があったか，筆者に知識はない．しかし，彼らは同じ時代に同じ未来を見ていたとはいえるだろう．

　マクルーハンの著作は膨大な先行研究の集積のようにも見える．それがあたかも「盗用」のように批判されることもある．しかし，我われの文化は，先行する多種多様な作品のネットワークの結節点としてしか存在しえない．彼はそのような世界のあり方を，さまざまな引用の「銀河系もしくは星座」として表現しようとしたのである．そして，リックライダーもまた，先行する多くの研究者のビジョンの銀河系をもって，それらさまざまな銀河系を相互接続するネットワークを思いえがいたのだった．

マクルーハン

第7章 教育

なぜ大学に進学する人としない人がいるのか
―― 文化資本

森いづみ

キーワード　　学力　文化資本　経済状況　再生産　ブルデュー

第1節 ―― データ

　学校基本調査によると，短大を含めた大学進学率は戦後，近年まで一貫して上昇してきた（図7.1）．2000年代に50％をこえ，2013年は55.1％だった．一方，高校への進学率は，すでに1970年代に90％以上となり，2013年には98.4％となった．

図7.1　大学進学率の推移（短大含む，学校基本調査より）

年	1955	1960	1965	1970	1975	1980	1985	1990	1995	2000	2005	2010	2013
%	10.1	10.3	17.0	26.8	38.4	37.4	37.6	36.3	45.2	49.1	51.5	56.8	55.1

データ　高校生のうち，半数以上が大学に進学している．

問1（パズル）　なぜ，大学に進学する人としない人がいるのだろうか．

　日本では明治以降の近代化に伴い，公教育制度が整備された．その結果，人びとはそれまでの身分や世襲と無関係に，だれでも学校でよい成績を収めれば，教育を通じて出世することが可能になった．
　このように，教育には社会を「平等化」する機能がある．それでは，大学への進学はほんとうに平等に行われているのだろうか．

社会階層と社会移動に関する全国調査（2005年，SSM調査）によると，父親の学歴が高いほど，子どもの学歴も高くなっていた（図7.2）．父親が中学卒だと，子どものうち23.8%が大学に行っていた．父が高校卒だと子の大学進学率は43.0%へと上昇し，父が大学卒だと67.5%が父親と同様に大学に進学している．

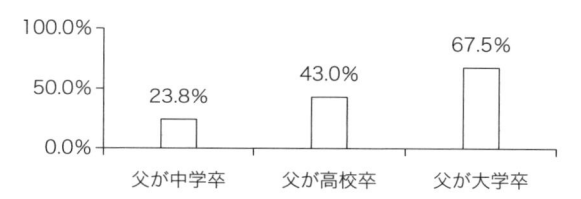

図7.2 父親学歴別の大学進学率（短大含む，子22〜45歳，2005年SSM調査より）

この傾向は，母親の学歴で見ても同様である．つまり，親子間で学歴がいわば「連鎖」しているのである．

大学に入学するのに十分な学力を身につければ，表向きはだれにでも大学進学の機会が開かれている．しかし実際には，親の学歴が子どもの大学進学に影響しているようである．その結果，社会の格差が教育を通して「再生産」されているのかもしれない．

問2 なぜ，親の学歴が高いほど，子どもが大学に進学するのだろうか．

この章では，フランスの社会学者**ピエール・ブルデュー**（1930〜2002）の「文化資本」という考え方を用いて，この問を検討しよう．ブルデューは1930年生まれで，子どもの家庭環境や居住地が，言語能力や大学進学に関連していることを発見した．

第2節 ── モデル

(1) 学力 現在の日本の入試制度は，原則として生徒本人の「学力」を基準として入学を許可している．なお推薦入試では，入試での学力ではなく，高校在学中の学力が反映されているといえる．

| 仮定1 | 生徒の学力が高いほど，大学に進学しやすい．

しかし，この仮定だけでは，親子間の学歴の「連鎖」を説明できない．では，学力の背景に，親子間でどのようなメカニズムが働くのだろうか．

(2) 文化資本　ブルデューは，家庭内で親がどれくらい「文化的な豊かさ」を子どもに提供するかに着目した．

| 定義1 | 家庭において，親から子へ（蔵書や美術品などの）文化的財や，（本の読み聞かせ，美術館や博物館やクラシック音楽のコンサートに連れていくなどの）文化的経験が伝達されるとき，それらを「文化資本」という．

たとえば，ある子はリビングルームに百科事典や古典全集が置いてあり，小学校入学前から美術館に連れていかれたかもしれない．別の子には，そうしたことがなかったかもしれない．文化を「資本」として捉えることで，家庭環境を通じて子どもがそれを獲得し，蓄積し，活用していくプロセスを，浮き彫りにできるだろう．

| 問3 | 文化資本という考え方を用いると，人びとが大学に進学することを，どのように説明できるだろうか．

親から多くの文化資本を提供されたら，子どもは多くの文化資本を蓄積していく．その結果，子どもは読書をする，論理的に思考する，勉強習慣を身に付けるなど，学力をあげるのに，有利な行動をするようになるだろう．

| 仮定2 | 親学歴が高いほど，多くの文化資本を子どもに提供するため，子どもの文化資本が多くなり，学力が高くなる．

これと仮定1から，図7.3のモデルがえられる．これによれば，親の学歴が高いと，子が多くの文化資本を蓄積することができるので，勉強がよくでき，大学に行きやすくなるだろう．

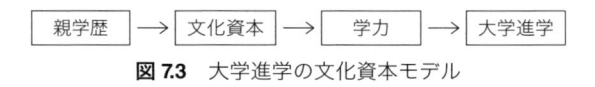

親学歴 → 文化資本 → 学力 → 大学進学

図7.3　大学進学の文化資本モデル

(3) 経済状況　ただし，実際には家庭の「文化的な環境」だけでなく，親の収入という「経済的な状況」によっても学力が左右されるかもしれない．2013年全国学力・学習状況調査によると，世帯収入が多いほど，子どもの学力が高かった．そこで，つぎのように仮定する必要があるだろう．

> **仮定 3**　世帯収入が多いほど，子どもの学力が高い．

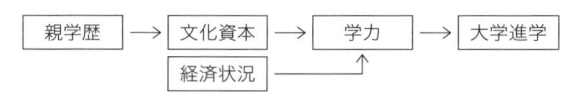

```
親学歴 → 文化資本 → 学力 → 大学進学
         経済状況 ────↑
```

図 7.4　大学進学の文化資本・経済状況モデル

　学力を説明する要因として，文化資本に経済状況が加わった．たしかに，経済状況は親学歴や文化資本とも関連を持ちうる．たとえば親学歴が高ければ世帯収入も高く，そうした家庭は文化的な財を多く有するだろう．また，家庭に経済的な余裕があるほど，子どもを大学に進学させやすくなることは想像にかたくない．しかし，ここではそれぞれが独自の影響を持ちうると想定していこう．

第3節 ── 結　果

(1) グループ別の大学進学率　文化資本が多いグループと少ないグループにわけて，大学進学率を比較しよう．同時に，世帯収入が多いグループと少ないグループにも分けてみる．

　ここで仮定2を，文化資本が多いグループのほうが，少ないグループより大学進学率が「20％高い」としてみよう．仮定3は，世帯収入が多いグループほど，少ないグループより進学率が「15％高い」とする．すると，たとえばグループごとの進学率は，以下のようになる（表7.1）．文化資本による進学率の差は，表の上下の20％の違いとして現れている．世帯収入による差は，左右の15％の違いとなっている．

　4つのセルを比較すると，大学進学率が70％といちばん高いのは，文化資本と世帯収入の両方を多く持つグループである．逆に，進学率が35％と一番低いのは，どちらも少ないグループである．これらは，自然な結果だろう．

表 7.1　グループごとの大学進学率の例

	世帯収入が多いグループ	世帯収入が少ないグループ
文化資本が多いグループ	70%	55%
文化資本が少ないグループ	50%	35%

結果 1　親の学歴が高いと，多くの文化資本を子どもに提供するため，子どもは大学に進学しやすくなる（問 1〜3 への解答例）．

(2) 文化資本によるカバー　進学率がこの 2 つの中間にあるのは，文化資本と世帯収入の「どちらかひとつだけ」を多く持つグループである．図の右上（進学率 55%）と左下（50%）のセルがそれに当たる．

このとき，文化資本を多く持つグループの方が，世帯収が高いグループよりも進学率が 5% 高いことに注意しよう．つまり，「家庭の所得は低いが文化的に豊かな生徒」は，「家庭の所得は高いが文化に乏しい生徒」を，進学率で上回っている．

したがって，このモデルでは，たとえ家が貧しくても，親が子どもに本の読み聞かせをしたり，さまざまな文化的経験をさせたりすることで，大学進学の道が開けることになる．いわば，文化資本が不利な経済状況をカバーする，という機能を持っていることが，モデルから分かった．

結果 2　経済状況が不利であっても，多くの文化資本を蓄積することで，大学に進学できる可能性がある（問 2 への解答例）．

(3) 文化資本の直接的影響　これまでは，文化資本が学力を高め，大学進学に繋がると想定してきた．しかし，文化資本が学力を経由せず，直接大学進学をうながすことはないのだろうか．

むろん，そうした可能性はあるだろう．たとえば，文化的に豊かな家庭ほど，親が子どもの教育に対して熱心だろう．そのため，親が大学について情報収集をしたり，煩雑な出願の手続きをやってあげることなどを通じ，子が大学に行きやすくなることはあるだろう．

第4節 ── 考 察

(1) 双子　ある双子が，生まれつきの能力がまったく同じだったとしよう．このうち，事情があって離ればなれとなり，一方が文化的に豊かな家庭，他方がそうでない家庭で育てられたとする．経済状況は同レベルとする．では，この双子の間で，学力や大学進学に差が出るだろうか．

もし能力や適性による差がないとすれば，文化資本の多い家庭で育った生徒ほど，学力も高く，大学に進学しやすくなるはずである．小さいころから親と一緒に星座を観測し，歌舞伎を見て，知らない言葉が出たら一緒に考えたなら，知識や経験が蓄積されていくことだろう．

(2) 不平等の再生産　このように，文化資本モデルによれば，出身家庭による差が学校教育での成功を通じて「正統化」される．いわば，不平等の再生産が，教育を通してたくみに「隠ぺい」されているということになる．

明治以降の近代日本において大学進学は，一見すると本人の学力だけで決まるようにみえる．だが，このように出身環境によって有利になる人がいることが，明らかになった．ブルデューはこれを，「特権者たちのゲーム」と呼んだ．

> **問4**　不平等の再生産を緩和するには，どうすればよいのだろうか．

こうした再生産を緩和するために，まずは，奨学金制度の充実や授業料負担の軽減といった「経済的な対策」が不可欠だろう．それに加え，さらに「文化的」な側面から，どのように支援できるだろうか．

(3) 勉強意欲　ここで，勉強への意欲を取りあげよう．もともとの能力や適性にあまり差はないものの，勉強にたいしてやる気に満ちている生徒もいれば，「やっても無駄だ」とあきらめている生徒もいる．なぜだろうか．

それなりに勉強ができ，受験制度で成功してきた人びとは，それを自分の功績と思いやすいし，実際そうした部分ももちろんあるだろう．しかし一方で，学力面で劣っていた人びとは，学業的な成功からは排除され，それを自分の能力や適性のなさとして受けいれるかもしれない．こうした意欲や努力の差の背後には，文化的な有利さを特権的，独占的に受けついできた人びとが，知らず

知らずのうちに他者を排除する構造があるとも考えられる．

　たとえば，意欲があって，勉強が好きな生徒は，もともと家にたくさん本があり，親のすすめにより自然と読書習慣が身に付いているのかもしれない．また，すぐれた芸術や音楽などに触れる機会があり，そうした結果意欲が高まっているのかもしれない．

　ただし，文化的な再生産に，どの程度「社会的」に介入すべきかについては，人びとの間で意見が分かれる．もし自分が文化的に豊かな家庭に生まれ育ったならば，その有利さを生かしていこうとするのは当然だろう．そのため，この問はどこまで「機会の平等」を保障するべきか，という大きなテーマにつながっていくかもしれない．

第5節 ── 練習問題

(1) きょうだい　　出生動向調査によれば，完結出生児数（夫婦の最終的な子ども数）は2.0人だった（2010年）．つまり，平均すると人びとには（自分を含めて）2人の兄弟姉妹がいることになる．

問5　両親が大学卒で，同じ家庭環境で育った兄弟がいるとする．兄は勉強が得意で大学へ行き，弟は勉強が不得意で大学へ行かなかった．このとき，兄弟の学力や進学行動の差は，どのように説明できるだろうか．

　ヒント　先の双子の例は，能力や適性が一定だが，家庭の文化的環境が異なる場合だった．この問は逆に，家庭の文化的環境は同じだが，もともとの能力や適性が異なるケースである．

(2) 塾　　子どもの学校外での学習活動に関する実態調査報告（2008年，文部科学省）によれば，小中学校における学習塾の利用率は，学年が上がるにつれて増加し，中学3年で65.2％（約3人に1人）が塾を利用していた．

問6　塾に通うことは，文化資本にとってどのような意味をもつのだろうか．

　ヒント　塾をはじめとする学校外教育は，経済的に豊かな家庭ほど利用しやすいため，経済状況と学力を媒介すると考えられる．では，文化的に豊かな家庭においても，同じことがいえるだろうか．

(3) 生涯賃金　2013年ユースフル労働統計（労働政策研究・研修機構）によれば，学校を卒業してただちに就職し，60歳までフルタイムで働いた場合の平均生涯賃金は，男性の中学卒で1億8千万円，高校卒2億円，高専・短大卒2億円，大学卒2億5千万円だという（図7.5）．女性だと，中学卒で1億1千万円，高校卒1億3千万円，高専・短大卒1億6千万円，大学卒2億円であった．

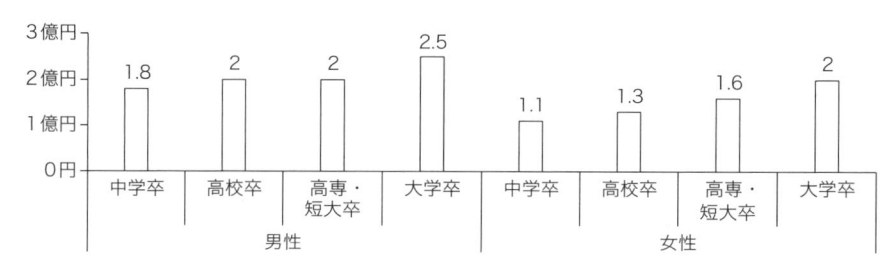

図7.5　男女別，学歴別の生涯賃金（2013年ユースフル労働統計より）

問7　なぜ，大学を卒業すると，生涯賃金がアップするのだろうか．

ヒント　大学教育の内容が仕事に役立つのか，あるいは学歴というブランドやそこで得た人脈が評価されるのかなど，いろいろな可能性を考えてみよう．

読書案内

●この章のオリジナル
ピエール・ブルデュー，ジャン＝クロード・パスロン，1964（翻訳1997），『遺産相続者たち：学生と文化』藤原書店．
　独自の社会調査や統計資料に基づき，フランスで出身階層によって高等教育への進学機会がいかに不平等であるかを示す．平易で読みやすいだろう．

●テキスト
酒井朗・多賀太・中村高康編著『よくわかる教育社会学』ミネルヴァ書房．
　教育にかんするさまざまな問いを，学歴社会，文化的再生産，機会と結果の平等など90の項目に分けて解説している．

●その他
ピエール・ブルデュー，ジャン＝クロード・パスロン，1970（翻訳1991），『再生産：教育・文化・社会』藤原書店．
　文化資本を通じた再生産過程について説明し，教育システムの幻想や矛盾を明らかにしている．
片岡栄美，2000，「文化的寛容性と象徴的境界：現代の文化資本と階層再生産」今田高俊編『社会階層のポストモダン』東京大学出版会．

文化資本という考え方を用いて，日本人の趣味やライフスタイルを包括的に分析している．
酒井朗編，2007,『進学支援の教育臨床社会学：商業高校におけるアクションリサーチ』勁草書房．
学校現場でのフィールドワークに基づいた質的研究で，大学進学を選択しない生徒の語りやその背景が丁寧に分析されている．文化資本論に当てはまる部分と，そうでない部分とがあるだろう．

謝　辞

62頁で使用したデータの二次分析にあたり，東京大学社会科学研究所附属社会調査・データアーカイブ研究センター SSJ データアーカイブから「2005年 SSM 日本調査（2005SSM 研究会データ管理委員会)」の個票データの提供を受けました．

コラム　ベック『危険社会』とリスク社会論

堀内史朗

1986年4月，現在のウクライナでロシア（当時のソ連）が管理するチェルノブイリ原子力発電所が大事故を起こした．ヨーロッパ全土に放射能が拡散し，世界中が注目した．『危険社会』（1998年）は，そのような背景のもとに出版され，多大な影響を社会学の領域に及ぼした．

ウルリヒ・ベック（1944～）がいう「危険（リスク）社会」とは，科学技術や社会制度が進歩しきったため，人びとがそれまでの束縛から解きはなたれると同時に，「安心」からも解きはなたれてしまった社会のことである．産業社会との対比で論じられるが，産業社会が終わり危険社会になったわけではない．2つの社会は併存している．

危険社会と産業社会の違いを理解するため，電力事業を事例に考えてみよう．発電所が建設された地域では，さまざまなインフラが整い，多くの人びとが労働者として雇われ，周辺の数十万から数百万世帯の電力がまかなわれる．いっぽう，事故がどれほどの損害をもたらすのか，我われは福島第一原子力発電所の重大事故を通じてその甚大さを知ったばかりである．このように，事業に関わる当事者の範囲が大きくなりすぎてしまい，膨大な数の個々人が失敗の危険を個別に引きうけざるをえないのが危険社会である．

では，皆さんが友人と共同して，小規模水力発電事業を始めるとしよう．事業に成功すれば，多少の収益が得られる．しかし事業を維持するためには，掃除など，不断の管理が必要である．管理ルールを守らない人間が出てこないよう相互監視をおこない，ルールの逸脱者は事業から追放するなどの制裁も必要である．相互監視と制裁のセットは息苦しくはあるが，損害の規模は抑えられる．このように，そこそこの利益と損害が，小規模な集団によって確実に管理されるのが産業社会である．

危険社会においては，どんな人間も，我が身に危険が降りかかるかもしれない不安を抱えている．不幸や災難を避けたい一心で，責任を転嫁するスケープゴートを見つけだそうとする．福島第一原発の事故でも，それまで自分たちも労働者として，消費者として，電子力事業に暗黙のうちに協力していたのに，「詳しいことは知らされていなかった」と主張した．このような近視眼的な態度が，問題の本質的な解決にならないのは自明のことであろう．そこで，産業社会に代表されるような小集団を復活させようとする動きもある．じっさい，社会の小集団化は，危険を制御する解決策のひとつだろう．

だが，グローバル化が進む現代社会において，その効用は限られている．ベック自身は，「不安を持つものどうしの連帯」を掲げている．誰もが危険にさらされているのだから，階級や国籍は関係ない．みなで危険を管理していこう，と．このことは放射能に限らず，労働環境，医療ミス，家族，あらゆる分野に当てはまるのである．

ベック『危険社会』
（日本語版：法政大学出版局）

第8章 仕　事

なぜ転職に成功する人としない人がいるのか
──弱い紐帯の強さ

金澤悠介

キーワード　　フォーマルな経路とインフォーマルな経路　強い紐帯と弱い紐帯　橋渡し機能　社会的ネットワーク分析　グラノベッター

第1節── データ

　労働力調査によれば，2014年3月の日本の労働者数は6,298万人であった．雇用動向調査によると，過去20年間をとおして，離職率（過去1年間で会社を退職したり，解雇されたりした人の割合）は，おおよそ15%ていどで安定している．未就業入職率（学校を卒業して最初に就職する人の割合）も，6%前後で安定している．転職入職率（転職して別の職場に就職した人の割合）は，10%前後で推移している．したがって，ひとつの企業に定年まで勤めつづけるというのも，いくつもの会社を渡りあるくのも，日本社会を極端な形で捉えたものであることが分かる．

　では，転職する人たちは，どのようにして転職先を見つけているのだろうか．ハローワークのような就職紹介機関や，就職情報誌・就職情報サイトの求人広告といった「フォーマルな経路」を利用しているのだろうか．それとも，家族・親戚，友人・知人，学校の先生などの人間関係を利用するといった「インフォーマルな経路」で就職しているのだろうか．経路別の就職者の割合を図8.1に示す．

第8章 仕事

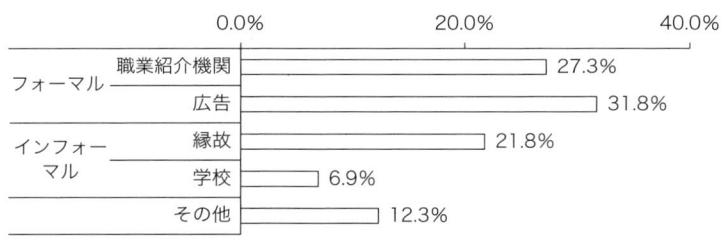

```
                    0.0%    20.0%   40.0%
       職業紹介機関 ━━━━━━━ 27.3%
フォーマル
       広告      ━━━━━━━━ 31.8%
       縁故      ━━━━━ 21.8%
インフォー
マル    学校      ━ 6.9%
       その他    ━━ 12.3%
```

図 8.1 経路別の就職者の割合（2011年，未就業入職と転職入職者の合計，雇用動向調査より）

データ 約6割の人がフォーマルな経路で，約3割の人がインフォーマルな経路で就職している．

このように，多くの人がフォーマルな経路で就職先を見つけている．一方，インフォーマルな経路を通じて就職する人もいる．フォーマルな経路を利用したほうが，よい仕事に巡りあえるようにもみえる．とはいえ，「コネ」のように人間関係を利用して就職する人がいると，コネがない人からすると不公平な感じもする．

では，インフォーマルな経路で就職することは，求職者や企業にどのような利益をもたらすのだろうか．この章ではとくに，どのようなつながりを使えば転職がうまくいくかをかんがえよう．

問1（パズル） どのような経路を使うと，転職が成功するのだろうか．

マーク・グラノベッター（1943〜）は，**社会的ネットワーク分析**の立場から転職を分析し，あまり会わない友人・知人を通じて転職したほうが成功することを明らかにした．この章では，この一見すると直観に反するモデルを検討していこう．なお，グラノベッターはスタンフォード大学社会学部教授であり，この研究で博士号を取得した．

第2節 ── モデル

(1) フォーマルな経路の特徴 就職先を見つける方法として，フォーマルな経路はどのような特徴を持っているのだろうか．就職情報サイトを考えてみ

よう．求職者が登録すると，数多くの企業の求人を見ることが可能になる．求職者は自分が働きたいと思っている企業を探しだし，そこを転職先の候補とする．また，就職情報サイトがあることで，ひとつの企業に多くの人材が集まってくる．企業は自社が必要とする人材を選抜し，その人を採用することになる．

フォーマルな経路で企業に就職しようとする場合，企業は筆記試験や面接を何度も行う．これは応募者の能力を正確に把握することで，自社がほしい人材を採用するためである．

仮定1 フォーマルな経路は，多数の求職者と多数の企業が出会う機会を提供する．

このようなフォーマルな経路の特徴は，経済学が考えるような完全市場に対応する．市場では，多数の売り手と多数の買い手が参加しており，売り手は自分の商品を買ってくれる人を，買い手はほしい商品を探している．また，売り手も買い手も商品の価値が完全に理解できる．売り手がパンを売る場合，買い手はそのパンの品質とそれに見合う価格を知っていると考える．労働市場においては，売り手が求職者，買い手が企業となる．

問2 転職先を見つけるときに，フォーマルな経路がうまく機能しないのは，どのようなときなのだろうか．

(2) インフォーマルな経路の特徴　ここで，インフォーマルな経路として，強い紐帯と弱い紐帯という区別を導入しよう．

定義1 接触する頻度が高いとき，そのつながりを「強い紐帯（ちゅうたい）」という．頻度が低いとき，「弱い紐帯」という．

たとえば，家族と毎日会うのであれば，それは強い紐帯となる．1週間に何回も食事に行くような友人とのつながりも強い紐帯となる．一方，年に数回会うような親戚や知り合いとのつながりは，弱い紐帯になる．

では，強い紐帯はどのような特徴を持っているのだろうか．二者関係についていえば，強い紐帯で結ばれた個人の間ではお互いに助けあうことが多いだろう．日常的な付き合いのある友人が困っていれば自分が助けることもあるだろうし，自分が困っていればその友人が助けてくれることもあるだろう．このよ

うなお互いに助けあうことを,「互酬性(ごしゅうせい)」という.

三者関係についていえば,強い紐帯で結ばれた関係では「友達の友達は友達」という事態が起きやすいだろう.もう少し正確に書くと,AくんがBくんとCさんにたいしそれぞれ強い紐帯を持っているのであれば,BくんとCさんは強い紐帯を持つ可能性が高い（図 8.2 左）.このような関係を「推移性」という.

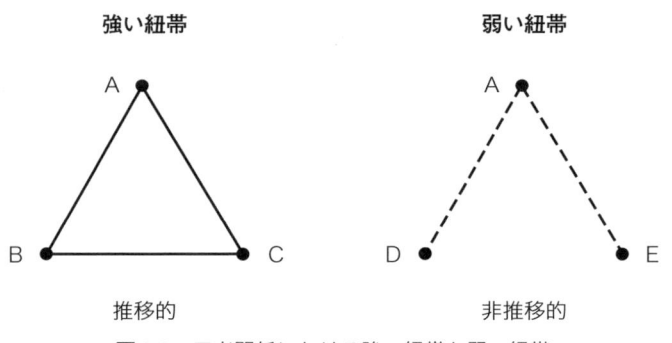

図 8.2　三者関係における強い紐帯と弱い紐帯

仮定 2　強い紐帯で結ばれた二者間の関係は,互酬的である.また,強い紐帯で結ばれた三者間の関係は,推移的である.

つぎに,弱い紐帯の特徴について考えよう.弱い紐帯で結ばれた二者関係には,強い紐帯ほどの強い互酬性は存在しないだろう.年に数回しか会わないような友人が困っていたとしても,必ずしも自分が助けに行けるわけではない.三者関係についていえば,弱い紐帯で結ばれた関係では「友達の友達は友達」という事態が起きにくいだろう（図 8.2 右）.

仮定 3　弱い紐帯で結ばれた二者間の関係は,必ずしも互酬的ではない.また,弱い紐帯で結ばれた三者間の関係は,推移的ではない.

問 3　転職先を見つけるときに,強い紐帯と弱い紐帯は,どのような役割を果たすのだろうか.

第3節 ── 結 果

(1) フォーマルな経路が機能しない状況　　求職者に比べ企業が少ない場合には，求職者は自分の希望に沿う企業が見つけられない可能性が高くなる．同様に，企業に比べ求職者が少ない場合も，企業は自社に必要な人材が見つけられない可能性が高くなる．また，応募者の能力を把握するための方法を使用できない場合，企業は不必要な人材を採用する可能性を避けるために，応募者の採用をためらうだろう（問2への解答例）．

そうした状況では，転職先を見つけるときにインフォーマルな経路が機能するはずである．転職先を見つける際の強い紐帯と弱い紐帯の役割を理解するには，それぞれの紐帯からどのような情報が入手できるのかを考える必要がある，とグラノベッターは主張する．

(2) ネットワークの橋渡し機能　　強い紐帯は推移性という性質を持っているので，強い紐帯で結ばれた個人間のネットワークは閉鎖的になる（図8.3）．閉鎖的というのはすべての個人の間に強い結びつきがある状態である．

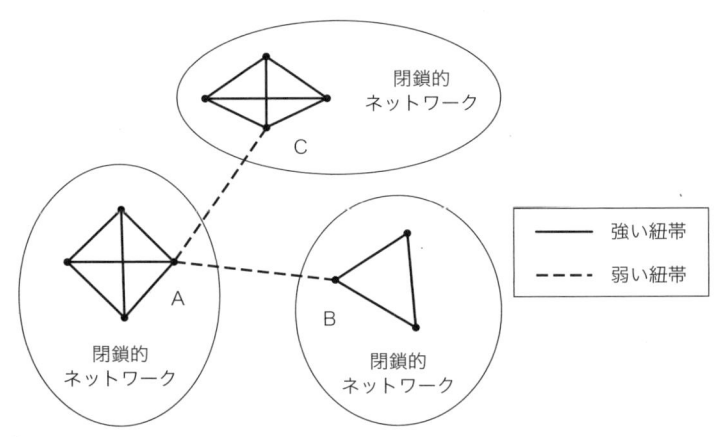

図8.3　社会的ネットワーク上における強い紐帯と弱い紐帯

一方，弱い紐帯は推移性を持たないため，閉鎖的なネットワークにならない．その結果，AくんとBさんがそれぞれ異なる閉鎖的なネットワークに属していながら，AくんとBさんの間に弱い紐帯がある場合，この弱い紐帯は2つの閉

鎖的なネットワークを橋渡しする機能を持つ．

結果1 強い紐帯で結ばれた個人の間のネットワークは，閉鎖的である．異なる閉鎖的なネットワークに属する個人の間に弱い紐帯がある場合，それは２つのネットワークを橋渡しする機能を持つ．

（3）弱い紐帯の強さ　強い紐帯で結ばれた個人同士は，接触頻度が高い上に，そのネットワークは閉鎖的である．したがって，そのようなネットワークに属する個人は多くの情報を共有している．強い紐帯から得られる情報はネットワークのメンバーであれば，誰でも知っている冗長なものが多いのだ．

一方，弱い紐帯は，異なる閉鎖的なネットワークを橋渡しするものである．したがって，弱い紐帯を通じて入手できる情報は，自分の属さないネットワークにかかわる情報であるため，まだ自分以外の誰もが知らないものである可能性が高い．

結果2 強い紐帯から入手できる情報は，冗長なものが多い．それにたいして，弱い紐帯から入手できる情報には，新奇性がある（問３への解答例）．

第4節 —— 考　察

（1）転職とインフォーマルな経路　ここで転職が起きる状況を考えよう．個人の立場にとって考えると，勤務先からの解雇，家庭や健康上の理由による退職などが転職のきっかけになる．それは個人にとってイレギュラーな事態である．また，企業にとっても転職希望者を雇うのはイレギュラーな事態である．自社のポストに欠員が出たときや新しいポストを作るときに，新たな人材を雇うからだ．したがって，転職希望者もそれを雇おうとする企業も少数なので，フォーマルな経路を使用したら，相思相愛的なかたちで転職希望者と企業が結びつくことはない．

このような状況だと，インフォーマルな経路が機能しはじめる．転職希望者は人間関係を使うことで，自分が働きたい会社を見つけることができる．転職希望者の知り合いの中には，自分が働きたい会社に勤務している人がおり，その人が紹介者になってくれるかもしれないからだ．企業にとっても，紹介者を

通じて転職希望者の能力を知ることができ，自社にとって必要な人材かどうか判断できる．

その結果，転職希望者と企業が相思相愛的なかたちで結びつく．ただし，転職希望者の数とそれを採用したい企業の数が増加したり，転職情報サイトが整備されたりすると，フォーマルな経路がふたたび機能しはじめるだろう．

(2) 弱い紐帯と強い紐帯の機能　「弱い紐帯」は，自分の属するネットワークとは異なるネットワークの情報を伝達するものである．そのため，弱い紐帯から入手できる情報には，たとえば現在の勤務先とは異なる業種の就職情報や他社で創設された新しいポストについての情報が含まれている．そうした情報をうまく活用することで，新しい業種や新しい仕事にチャレンジするといった転職ができる．つまり，弱い紐帯はキャリアアップのための転職に役立つのである．

それでは，転職をする際に「強い紐帯」はどのような役割を果たすのであろうか．強い紐帯から得られる情報は自分が属するネットワークのメンバーであれば，誰でも知っているというものである．したがって，強い紐帯の情報を参考にしても，家族や親しい友人が勤務している会社くらいにしか転職できないかもしれないし，その会社は自分の希望に沿うものではないかもしれない．

しかし，強い紐帯には「互酬性」という性質があった．強い紐帯で結ばれた個人の間では，助け合いが起きやすい．転職の文脈で考えてみると，急な事情で失業した場合に，強い紐帯が機能することがわかる．すなわち，失業という困った事態に対し，強い紐帯で結ばれた誰かが就職先を紹介してくれるということが起きる．強い紐帯はセーフティ・ネットとして機能するのである．

結果 3　キャリアアップをしたいのであれば，弱い紐帯を利用することで転職が成功する．失業しすぐに就職したいのであれば，強い紐帯を利用することで転職が成功するだろう（問1への解答例）．

第5節 ── 練習問題

(1) 日米における転職の違い　アメリカでは弱い紐帯を利用して転職した場合，強い紐帯を利用した場合に比べ，賃金や仕事に対する満足度が高くなる．

一方，日本では，強い紐帯を利用して転職したほうが賃金や仕事に対する満足度が高くなる．

問4 アメリカでは弱い紐帯が，日本では強い紐帯が，転職後の賃金や仕事満足度を高めるのはなぜだろうか．

　ヒント　渡辺（2014）は，アメリカと日本の転職事情の違いについて説明している．

(2) 弱い紐帯と企業の収益の関係　　弱い紐帯の持つ情報は，求職者だけでなく企業にとっても利益をもたらすのだろうか．弱い紐帯を利用することで，競合他社が知らない情報を入手できれば，競争上有利な立場に立てるのではないだろうか．

問5 弱い紐帯を利用することで，企業はどのような利益を得るだろうか．

　ヒント　バート（1992）は「構造的空隙」という概念を使って，企業の収益と弱い紐帯の関係を検討している．

(3) 集団の団結　　グラノベッターは，コミュニティ内の複数の集団を橋渡しするような弱い紐帯がなかったために，開発業者に対抗することができず，コミュニティが崩壊した事例を紹介している．

問6 弱い紐帯は，複数の集団を団結させる機能を持っているのだろうか．

　ヒント　パットナム（2000）は「橋渡し型社会関係資本」という概念を使って，弱い紐帯と社会運動の関係を議論している．

読 書 案 内
● この章のオリジナル
マーク・グラノベッター，1974（翻訳1998），『転職：ネットワークとキャリアの研究』ミネルヴァ書房．
　　転職という経済学で扱われてきたテーマに対し，強い紐帯・弱い紐帯という社会学の分析道具でアプローチし，「弱い紐帯の強さ」という発見をした名著である．

●テキスト

佐藤博樹・佐藤厚編，2012,『仕事の社会学：変貌する働き方』改訂版，有斐閣.
　日本社会における労働のありかたがわかりやすくまとめられている．この章で扱った失業・転職の問題に加え，日本型雇用の特徴と変化・ワークライフバランス・退職などさまざまなトピックを分かりやすくまとめている．

●その他

渡辺深，2014,『転職の社会学：人と仕事のソーシャル・ネットワーク』ミネルヴァ書房.
　グラノベッターの枠組みを使って，日本社会における転職事情を明らかにした．

ロナルド・S・バート，1992（翻訳 2006),『競争の社会的構造：構造的空隙の理論』新曜社.
　「構造的空隙」という概念をつかって，弱い紐帯と企業の収益の関係を分析している．他にも，弱い紐帯と企業内の昇進スピードの関係を分析するなど，興味深い分析が多くなされている．

ロバート・パットナム，2000（翻訳 2006),『孤独なボウリング：米国コミュニティの崩壊と再生』柏書房.
　アメリカ社会におけるソーシャル・キャピタルの衰退の原因と帰結を，さまざまな領域のデータから分析している．

コラム　グラノベッター『転職』と社会的ネットワーク分析

松田光司

社会的ネットワーク分析は、社会関係をネットワークとして捉えるために、人を点とし、人と人の関係を線で表現する。このように抽象化することは、情報量を減らすことになり、一見現象を説明しにくくしているように思うかもしれない。

三隅一人『社会関係資本』によると、社会学において「ネットワーク」が分析的概念で使われるようになったのは、せいぜい1954年からであるとする。その時代背景を、構造機能主義では集団構成を地位や役割関係から捉えるだけであり、従来的な集団概念では、個人中心（エゴセントリック）な相互行為過程を捉えきれなかったとしている。

抽象化は、社会的ネットワーク分析に限らず、モデル全般でなされることである。抽象化によって、仮説から演繹的に、架空の抽象化された世界を構築し推論によって現象を説明できるようになり、社会をより深く理解できるようになる（小林淳一『社会のメカニズム』）。では、社会的ネットワーク分析で深く理解しようとしている社会とは、どのようなものだろうか。

土場学他編『社会を〈モデル〉でみる』によると、その分析対象は、「ミクロ社会」でも「マクロ社会」でもない「メゾ社会」（複数の人びとのあいだの関係とそこから生じてくる集団としてのまとまりやふるまい）に分類されている。社会的ネットワーク分析は、人と人の関係を集積し、グラフ理論などの数学理論を応用することによって、人の特徴、人と人の関係、全社会の特徴だけでは説明しえない「メゾ社会」が説明できることになる。

メゾ社会を分析することによって、「世間は本当に狭いのか」「世界の中心はだれなのか」「人の行為はネットワークにどのように影響を受けるのか」といった問いにアプローチし、知的刺激を受けるような意外な発見がなされている。たとえば、第8章にある通りマーク・グラノベッター（1943～）は『転職』（1974年）で、弱い紐帯ほど転職で強みを発揮することを、社会調査によって示した。

近年の情報通信技術の発展、とくにフェイスブックなどのソーシャル・ネットワーキング・サービスの浸透によって、社会的ネットワークの理論は、より身近なものになってきた。たとえば、共通の友達を表示される機能があり、接点がないと思っていた友達同士がつながっていることが分かったときに「世間は狭いなあ」と実感するかもしれない。また、「知り合いかも」と写真つきで表示されると、その後本人と出会ったときに初対面と思えず、友人になりやすいという経験が多々あるだろう。これは「友達の友達は友達になりやすい」という推移性が、ソーシャル・ネットワーキング・サービスによって促進されているようである。このように、社会的ネットワーク分析は、理論を身近に実体験できることだろう。

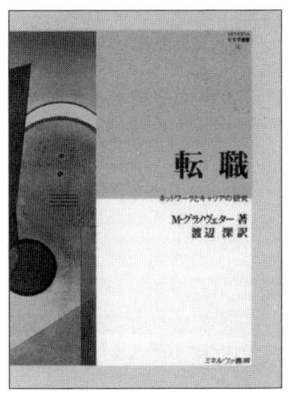

グラノベッター『転職』
（日本語版：ミネルヴァ書房）

第9章 ジェンダー

なぜ男女差別があるのか――予言の自己成就

内藤 準

キーワード　　M字型カーブ　統計的差別　予言の自己成就　機能分析　マートン

第1節 ── データ

　賃金構造基本統計調査によれば，1989年以降女性の管理職割合は徐々に増加し，2011年で部長相当が5.1%，課長相当が8.1%となっている（図9.1）．1986年の男女雇用機会均等法の施行，さらにその後1999年，2007年に改正法が施行され，雇い主が募集や採用，昇進や解雇などで男女に差を付けることは，法律により禁止された．

　近年では女性の進学率やキャリア志向が高まる一方，少子高齢社会の労働力としてさらなる女性の雇用促進に期待する声もある．しかし残念なことに，今日の日本は，働く女性が男性と同等に活躍できるといえるところまでは，まったく到達していない．

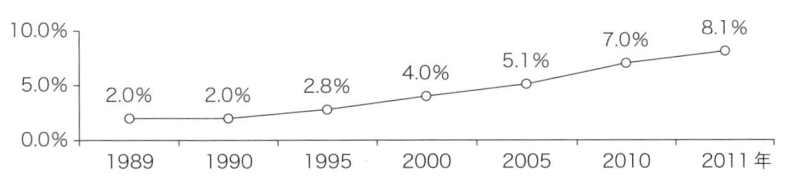

図9.1　民間企業の課長相当に占める女性の割合（賃金構造基本統計調査より）

データ｜管理職のうち，女性の割合は増加しているが，1割以下である．

　若年時の労働力人口も正規雇用の比率も，男女差はここまで大きくない．にもかかわらず，管理職の割合にこのような大きな差が出てきてしまう．その重要な原因のひとつは，企業がそもそも基幹的な仕事の担い手として女性を採用

せず,さらに採用後の昇進でも男女に差を付けてきたためである(「コース別人事」などと呼ばれる).

問1(パズル) なぜ,企業は基幹的なメンバーとして女性を採用してこなかったのだろうか.

第2節 ── モデル

(1) 統計的差別　企業が基幹的なメンバーとして女性を採用してこなかった理由は,さまざまある.「女性は男性より劣っている」という偏見による不合理な差別もある一方,つぎに挙げる「統計的差別」のように,いわば合理的になされる差別もある.

定義1 労働者の採用や昇進において,男女別の統計的情報に基づいて,男女にことなる取り扱いがなされることを,ジェンダーによる「統計的差別」という.

企業が雇用した労働者が十分な利益を上げるようになるまでには,社内教育によって能力を高める必要がある.それには長い時間がかかるため,労働者が早期に退職してしまうと,企業の利益が少なくなる.そのため企業はなるべく退職しない労働者を採用しようとする.そこで利用されるのが男女別の統計的情報である.

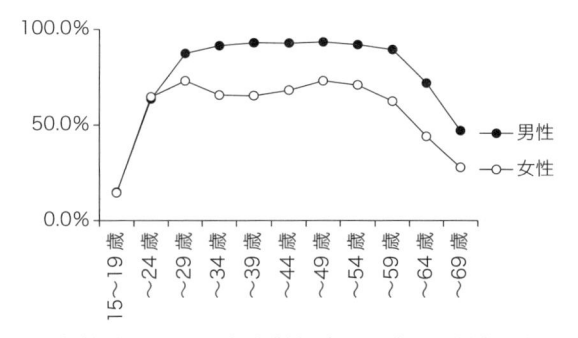

図9.2 年齢別,男女別の就業割合(2012年,労働力調査より)

図9.2は年齢ごとの就業者の割合を男女別に示したものだ.女性の側を見ると,30代で就業率が低くなる(「M字型カーブ」とよばれる).この30代での

減少は世代を超えて見られる傾向であり，女性は就職しても結婚や出産により仕事を辞めてしまう人が多いことが分かる．このような統計的情報を前提とすると，企業は，男性の方が女性よりも仕事を辞めにくいと予想し，男性を優先的に採用したいと考えるだろう．

しかし，これは企業にとっては合理的でも，仕事のキャリアを積もうと考えている女性個人からすれば「不当な女性差別」である．企業が雇う人を決めるとき，その基準として本来適切なのは，個々人の能力や働き方だろう．にもかかわらず，個々人を見て判断するのではなく，一律に「女性だから」という理由で（しかも本人より上の世代の情報に基づいて）男性より不利に扱うならば，それは不当な女性差別だといえる．

(2) 予言の自己成就　ここで注意したいのは，企業が「女性は男性よりも早期退職しやすい」という予想に基づいて行為することそれ自体が，女性が男性より早期退職しやすい現実を作りだしてしまうメカニズムである．もし，働き方や能力に性別による差などなくても，女性が男性よりも早期退職しやすい状況が生みだされてしまうとすれば，女性の働き方だけに問題があると単純に考えることはできない．

ロバート・K・マートン（1910〜2003）は，**機能分析**の立場から，こうした現象を「予言の自己成就」として分析した（予言の自己成就は**第12章**も参照）．マートンはコロンビア大学社会学部で教授を務めた．

> **定義2**　人びとが，将来の社会の状態に関するなんらかの信念（予言）を持っており，その信念に従って行為した結果，実際にその状態が実現することを，「予言の自己成就」という．

> **問2**　「女性は男性よりも早期退職しやすい」という現象を，予言の自己成就として説明してみよう．

(3) 労働市場のモデル　ここでは，①求職中の男女が就職活動を行う，②企業は彼ら，彼女らを採用するかどうかを，男女別の統計的情報に基づいて決める，③男女は結婚し，家族会議を行って仕事を続けるかどうか決める，というプロセスで捉えよう．

単純化のため，求職中の男女は同数であり，企業の採用枠は男女の合計より

も少ないとする．ここでは男女が4人ずつ（合計8人）いるとしよう．他方，企業は合わせて6社あり，採用枠は各社1名（合計6人分）しかないとしよう．

企業には人気順があり，人びとは上位の会社から順番に応募する．そして仕事の枠が最終的に埋まるまで，求職活動を続けるとする．

仮定1 企業は，「男性と女性のどちらが早期退職しやすいかどうか」について予測をたて，それに基づいて採用を決定する．

就職後，男女はランダムに出会って結婚するとしよう．結婚後，子どもができれば家事や育児のための時間が必要になるだろう．

仮定2 人びとは結婚後の家族会議で，共稼ぎか，片稼ぎか，2人とも退職するかを選択する．家族としての利得（利益）は，共稼ぎなら1，片稼ぎなら2，2人とも退職なら0とする．

この仮定は「仕事と生活の両立が難しい社会」であることを表現している．すなわち，2人とも会社の基幹的な仕事を続けると，出産と育児が難しくなったり，家庭生活が成りたたなかったりするため，共稼ぎよりも片稼ぎの方が，家族としての利得が高くなる．仕事と生活が望ましいかたちで両立することを「ワーク・ライフ・バランス」という．

仮定3 働き方や意欲や能力に，男女差はない．そのため，ある夫婦が共稼ぎを止めて片稼ぎを選択するとき，どちらが退職するかは，半々の確率で決まる．

つまり，夫婦のうち男性が辞めるか女性が辞めるかは，確率0.5で決まる．これは重要な仮定である．実際の日本社会では，夫婦の一方が離職する場合，女性が辞めることが圧倒的に多い．それにたいして，このモデルでは男女にそうした違いはないと想定している．この意味で，このモデルでは，現実よりはるかに男女平等が進んだ社会を仮定していることに注意したい．

第3節　── 結　果

(1) 企業による採用　まずもっとも人気のある企業に，人びとは応募する．企業はその中から1人選ぶ．そのとき企業が，図9.2のように「女性の方が早期退職した人が多い」という統計を見れば，「女性の方が男性より早期退職しや

すい」と予測（予言）するだろう．そのため，仮定1より男性を優先して採用する．

結果1 男性は4人全員が採用される．女性は2人が採用され，残りの2人はどこの企業からも採用されない．

(2) 結婚と家族会議 男女は，ランダムにペアになって結婚する．男性は4人とも採用されており，女性は2人が採用，残りは不採用だった．そのため，夫婦の組み合わせは，共稼ぎ夫婦2組（A, Bとする），男性片稼ぎ夫婦2組（C, D）で，合計4組となる．

共稼ぎ夫婦A, Bでは，仮定2から，片稼ぎになれば最高の利得2となるから，夫婦の一方が退職して片稼ぎになることを選ぶ．男性片稼ぎ夫婦C, Dは，片稼ぎを続ければ最高の利得2になるから，片稼ぎを続ける．結局，4組すべての夫婦が片稼ぎになる．そのうち2組はもともと男性片稼ぎ，ほかの2組は夫婦の一方が離職した片稼ぎである（表9.1）．

表9.1 夫婦ごとの状況

夫婦	家族会議前	家族会議後
A, B	共稼ぎ	片稼ぎ（男女片方が同じ確率で退職）
C, D	男性片稼ぎ	男性片稼ぎ（変更なし）

(3) 平均退職確率 それでは，平均すると，男女それぞれでどれくらいの割合で退職するのだろうか．一方が退職した元共稼ぎ夫婦A, Bの場合，仮定3から退職する確率は男女ともに0.5である．男性片稼ぎ夫婦C, Dの場合，男性は決して仕事を辞めないので退職確率は0である．女性はそもそも就職していない．

ここから，男女別の平均退職確率を求めよう．まず男性労働者について．男性は全員働いているが，そのうち2人はもともと男性片稼ぎで退職確率0である．残る2人は共稼ぎから片稼ぎに変更する夫婦なので，確率0.5で退職する．平均すると，$(0 + 0 + 0.5 + 0.5) \div 4 = 0.25$となる．つまり男性労働者は，平均すると4人のうち1人辞めることになる．

次に女性労働者について．働いている女性は2人とも，共稼ぎから片稼ぎに

変更するので，0.5 の確率で退職する．平均すれば，(0.5 + 0.5) ÷ 2 = 0.5 である．つまり女性労働者は 2 人のうち 1 人辞めるくらいである．

> **結果 2** 男性より女性の方が，高確率で退職する．

第 4 節 ── 考 察

(1) 予言の自己成就としての統計的差別 　以上のことはあくまで退職する「確率」だから，実際の結果は偶然に左右される．つまり，共稼ぎから片稼ぎに変更する夫婦の 2 組とも男性が退職する可能性もある．しかしその場合でも，もともと片稼ぎ夫婦の男性は退職しない．だから，男性労働者のうち結果として退職する人の割合は，どんなに高くても 2 人に 1 人までである．他方，女性労働者は，全員が退職してしまうこともありえる．

　そしてこのプロセスが何度も繰りかえされれば，最終的には「男性は 4 人に 1 人，女性は 2 人に 1 人が退職した」という統計的事実へと収斂していく．これは結局「女性の方が男性よりも早期退職しやすい」という予言どおりの結果であることが分かるだろう．こうして，予言は自己成就するのである．

> **結果 3** たとえ家庭内で男女平等であり，男女個々人の能力に違いがなくても，企業が「女性の方が男性よりも早期退職しやすい」という予言に基づいて統計的差別を行うと，結果的に女性労働者の方が退職率が高くなる（問 1，問 2 への解答例）．

　なぜなら，採用の際に男性が優遇されて女性が排除されると，男性労働者と主婦からなる片稼ぎ夫婦が多くなり，男性労働者の退職率が下がるからである．これは興味深い結果である．というのも，この「女性の方が早期退職しやすい」という予想は，仮定 3 で明示されているように「思い込み」でしかないからだ．

　にもかかわらず，思い込みによって多くの企業が行為した結果，女性労働者の方が早期退職しやすいという事態が現実のものとなってしまう．そして，この新たな統計的事実に基づいて採用活動がなされるという形で，事態が再生産され強化されてしまうのである．

（2） 単独企業の限界

問3 「女性の方が早期退職しやすい」という予言の自己成就を，断ち切る方法はあるのだろうか．

いま，ある企業（1番人気のX社）が「男女個人に能力や意欲の差はない」という事実に気づいたとする．そこでX社では男性を優先するのを止めたとしよう．話を分かりやすくするため，むしろ女性を優先することにしたとしよう．この方針変更によって，予言の自己成就を止めることはできるだろうか．

一見すると，採用枠6人中の4人が男性だったところ，1人を女性に変えれば，男女3人ずつの採用になりそうだ．しかし，そうはならない．この男性はX社に断られても，男性優先の方針を変えていない別の企業（Y社）に採用されるからである．その代わりに，Y社に採用されるはずだった別の女性が採用されなくなる．そのためやはり，男性は4人全員が就職できる一方で，女性は2人が就職できないことになり，X社が採用した女性もかならず共稼ぎになる．

こうして，さきほどと同じように結果1〜3が実現し，女性全体としては男性よりも早期退職の確率が高くなってしまう．女性を採用することにしたX社でも，男性優先の他社より退職者が多くなってしまうから，遅かれ早かれこの方針変更を撤回せざるえなくなるだろう．

結局，多くの企業が男性優遇の採用をつづけるかぎり，一社だけで方針を変えても損をしてしまう．他の企業も同調して一緒に方針変更しないと，予言の自己成就を止めることはできないのである．

（3） ワーク・ライフ・バランスの改善

次に考えるのは，ワーク・ライフ・バランスの改善である．仮定2における家族の利得は，ワーク・ライフ・バランスが不十分な社会を仮定していた．しかしもし，社会制度が改善すれば，男女をとわず基幹的社員として働きながら家庭責任も果たすことができ，充実した生活を送れるようになる．そこで，共稼ぎと片稼ぎの家族の利得が逆転したとしてみよう．

じつはこの場合には，大きな変化が起こる．すべての企業が男性を優先し続けたとしても，共稼ぎ夫婦の妻が，そのまま仕事を続けられるようになるからだ．その結果，誰も早期退職する必要がなくなり，「女性の方が男性より早期退職しやすい」という予言は外れる．やがて企業にとっても予言に従う利益はな

いことが明白となり，男女問わず個々人の能力を見きわめることに力を入れるようになるだろう．このように，誰もが仕事と生活を両立できる社会の実現は，思い込みによる不当な男女差別を解消する可能性があることが分かる．

第5節 ── 練習問題

（1）革新的な企業の可能性

問4 いくつかの企業が同時に方針を転換すれば，予言の自己成就は止まるだろうか．

ヒント　このモデルで，①3つの会社が女性を積極的に採用することにした場合や，②不人気な2つの会社が独自にワーク・ライフ・バランスを改善して共稼ぎの利得を高めた場合について，考えてみよう．

（2）働き口の増加の効果

問5 基幹的社員の枠が拡大したら，予言の自己成就は止まるだろうか．

ヒント　このモデルで，企業の採用枠が6人から8人に増えた場合を考えてみよう．フルタイムとパートタイム，正規と非正規といった区別をなくし，責任ある仕事をシェアしていくことで，失業やワーキング・プアの問題にも対処できるのではないかという考え方がある（こうした考え方を「ワーク・シェアリング」といい，一人ひとりの仕事が減ることでワーク・ライフ・バランスの改善に結びつくことも期待されている）．そうした変化によって，共稼ぎ世帯が増加していけば，不当な予言の自己成就を止められるかもしれない．

（3）身近な予言の自己成就

問6 身近な現象に，どのような予言の自己成就があるだろうか．

ヒント　マートン（1949）に，学力の向上，銀行の倒産などの例がのっている．

読 書 案 内

●この章のオリジナル

ロバート・K・マートン, 1949（翻訳 1961）,『社会理論と社会構造』みすず書房.
　「予言の自己成就」を社会学の基礎的用語として定着させた記念碑的論文が, この本の第11章にある. 人種・民族的偏見にもとづく差別が, 制度的条件によって解消しうる可能性などを論じている.

●テキスト

川口章, 2008,『ジェンダー経済格差：なぜ格差が生まれるのか, 克服の手がかりはどこにあるのか』勁草書房.
　統計的差別や非合理的なジェンダー差別の論点を整理し, 企業のジェンダー差別, 家庭内分業, ワーク・ライフ・バランス政策への反対が相互に結びついていることを明らかにしている.

●その他

江原由美子, 1985,『女性解放という思想』勁草書房.
　女性差別はまずもって無根拠な排除であると指摘した. この本の中の「差別の論理とその批判」という論文は, ジェンダー差別について論ずるときには, いまなお必読文献である.

レスター・C・サロー, 1975（翻訳 1984）,『不平等を生み出すもの』同文舘出版.
　統計的差別についての古典的な文献. 第7章で, 統計的差別の理論の基本的な考え方がまとめられている.

コラム　マートン『社会理論と社会構造』と機能主義

関口卓也

　社会を科学的に分析するには，どのような方針に沿うことが有効か．その結果，社会学はどのような知識の蓄積に貢献するのか．『社会理論と社会構造』(1949年) は，そうした問いに対するひとつの回答といえる．

　著者ロバート・K・マートン (1910～2003) は理論と調査の往復における有効な方針として，機能分析を据える．では「機能」とは何か．マートンはまず，当事者の行為の動機とそれがもたらす客観的結果とは必ずしも一貫しないとし，機能を社会の維持・存続に寄与する客観的結果と定義する．

　さらに，当事者によって意図され認知された結果を「顕在的機能」，意図されず認知もされない結果を「潜在的機能」として区別し，この不一致に社会学的知が生まれると考えた．たとえば，ホピ族の雨乞いの儀式を，雨を降らせるための顕在的機能として捉えれば，気象学的に見て非合理的な慣行として一蹴するのみでそれ以上の理解は得られないだろう．しかし一方で，この儀式は当事者の意図を超えて，集団の凝集性を強化するという潜在的機能を果たしている．このように潜在的機能として分析することで，通俗的先入観や素朴な道徳的判断を退けつつ社会に対する知識を増大させることができる．

　同時にマートンは，既存の機能分析の背後に，イデオロギー的偏りがありうることにも注意を向ける．たとえば，どの社会的・文化的事象も全体社会に対して機能的であると前提すると，下位集団間に相容れない価値観があり葛藤が生まれるとしても，看過してしまう．そのため，分析に当たって，機能の作用する範囲を明記する必要があるとする．

　また，すべての事象が機能を果たすという前提からは，社会がそれらによってつねに維持されるという静的で保守的な絵しか描かれない．そのためマートンは，機能にくわえ，社会の調整を減ずる観察結果として「逆機能」，無関係な観察結果として「没機能」という概念を新たに用意し，それらの差引勘定によって社会の維持・変動を捉えることを提唱する．

　さらに，ある特定の事象こそが社会の存続にとって不可欠であるとしてしまうと，じつは機能的に等価あるいはより有効な事象がそれらにとって代わる可能性を無視することになり，ふたたび静的・保守的な枠組みを生みだしてしまう．こうしてマートンは既存の機能分析の前提を批判的に検討することによって，機能分析それ自体はイデオロギー的に中立な科学的用具になると主張する．

　ところで，社会を分析することもひとつの社会的行為であり，導かれた結論が，分析者が当初意図していなかった結果として他の研究領域を刺激したり，研究者間の関係に変化を生んだりすることもあるだろう．また，分析によって潜在的機能を明らかにされた集団の成員の認識に変化をもたらすこともあるだろう．意図せざる結果に力点を置く本書は，知識を生みだすための指針だけではなく，知識と社会との関係を分析するうえでの出発点にもなるのである．

マートン

第10章 社会階層

なぜ不平等を感じるのか——相対的剥奪

浜田　宏

キーワード　　不満　昇進率　相対的剥奪　合理的選択理論　ブードン

第1節 ── データ

(1) アメリカ兵　アメリカの社会学者サミュエル・スタウファー（1900～1960）らは，第2次大戦中のアメリカ軍兵士の態度や感情を調べるために，大規模な調査を実施した．分析を進める中で当時の社会学者や心理学者たちは，昇進率と不満の間の奇妙な関係を興味深い発見であると考えた．それは「憲兵隊」と「航空隊」の2部隊を比較した結果見いだされた．憲兵隊における昇進率（下士官以上に昇進できる兵の割合）は，軍隊中の兵科の中でほぼ一番悪く，26%だった．これにたいして，航空隊の昇進率は，ほぼ倍の52%である．

一方，それぞれの部隊の兵士に「昇進のチャンスがあると思うかどうか」を聞いた．その結果，航空隊の方が昇進率が高いのに，「恵まれていない」と答え，不満を持つ兵士が憲兵隊よりも多く，39%いた．憲兵隊では23%だった（図10.1）．

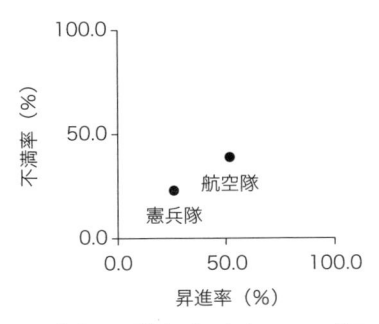

図10.1　部隊別の昇進率と不満率（スタウファー『アメリカ兵』より）

> **データ** 航空隊の方が昇進率が高いのに，不満を感じる人が多かった．

　直感的には，客観的に昇進率が高い航空隊の方が，不満はなさそうである．しかし，むしろ不満が高かった．このように，直感に反する結果が得られたのである．この章では，不満を感じることを，不平等感の表出のひとつとして分析していこう（ただし厳密には不満と不平等感は異なる）．

> **問1（パズル）** なぜ客観的には恵まれている集団のほうが，不満を感じるのだろうか．

(2) 満足していますか　　さて，もし大学の授業や演習でこの本を講読しているならば，他の読者と一緒につぎの質問に回答してみよう．

> **問2** あなたは，いまの大学生活にどれくらい満足しているだろうか．
> 1 非常に満足　2 満足　3 どちらともいえない　4 不満　5 非常に不満

　選択が終わったら，まわりの人達と回答を比較してほしい．できれば，クラスのみんなの回答を集計してみるとよいだろう．おそらくクラスのみんなの回答は，ばらついているはずだ．満足している人もいれば，不満な人もいるだろう．

　つぎに，自分の回答について，どうしてその選択肢をえらんだのかをお互いに話しあってみよう．理由はさまざまだろう．満足している人の中には，入学する前からその大学に入りたいと思っていて，「希望が叶えられた」と感じている人がいるかもしれない．不満を感じている人の中には，他の大学を志望していたかもしれない．

　同じ大学に所属しているなら，客観的には同じ状態にいるはずである．それなのに，異なる評価をしている，という点が重要である．人びとが不満を感じたり満足を感じたりすることは当たり前だが，似たような条件にあるにもかかわらず，満足度が異なるということは，不思議な現象である．

　では，「軍隊における昇進」と「大学入学」の間に，どのような共通の構造があるだろうか．ここでは，**レイモン・ブードン**（1934～）が**合理的選択理論**の立場から提案した「相対的剥奪」という考え方を紹介する．人びとがどれくら

い昇進に「期待するか」に着目して，問題を検討していこう．ブードンはフランスの社会学者であり，教育や世代間階層移動などを研究している．

第2節 ── モデル

(1) 競争参加のコストと利益　大学への入学と，下士官への昇進のどちらでも，入学定員や下士官職という「限られた望ましいポスト」を人びとが競いあう．つまりどちらも，「限られた地位を巡る競争に参加する」という構造をもつ．

そうした限られたポストを取得するためには，「努力」しなければならないだろう．多くの場合，大学に入学するためには受験勉強をして入学試験に合格しなければならないし，軍隊で昇進するためには，厳しい訓練を積んで上官の命令を正確に実行しなければならない．

> **定義1**　ポスト競争に参加し努力するとき，そのような努力を「コスト」と呼ぶ．勉強時間の長さや，訓練の苦しさなどを数値化したものであり，大きいほどより努力したことを意味する．

努力の結果，試験に合格したり士官に昇進することは，メンバーにとって望ましいことである．この喜びの度合いを「利益」と呼ぼう．

> **定義2**　ポストを取得したときにえるメリットを，「利益」とよぶ．志望校に受かった嬉しさや，昇進によって得られる給与などを数値化したものである．

では，コストと利益はどちらが大きいだろうか．もしコストの方が大きいと，せっかく努力して昇進したとしても，コストに見合わないことになる（たとえば100万円分の努力をしても80万円分の見返りしかない）．そうだとすると，努力する人はいなくなるだろう．そこで，つぎのように仮定する必要がある．

> **仮定1**　コストよりも，利益の方が大きい．

(2) 相対的剥奪　集団人数が100人のとき，ポストの定員数は100人以下のはずである．

> **定義3** 定員数を集団人数で割ったものを,「昇進率」という. 集団内でポストを獲得できる可能性を表し, 0から1となる.

ここで, もしある人が昇進できたとしよう. このとき, コストは払うが, 仮定1によりそれ以上の利益を受けとる. その結果, プラスの利益を獲得できる.

しかし, 定員は限られているので, 全員が昇進できるわけではない. それゆえ, もし「がんばって仕事をしてコストを払ったけど, 昇進はできなかった」場合, コストだけを払うことになる. その結果, 不満を感じることは当然だろう.

このように昇進率が1(全員が昇任可能)でないかぎり, 利益を期待してコストを投資したにもかかわらず, なにも獲得できなかった人が発生する. そうした人が「どのように不満を感じるか」に着目していこう.

> **定義4** 人が達成したいと思っている水準と, 現実に達成した水準とにギャップがあるとき, そこから生じた不満感を「相対的剥奪感」という.

> **問3** 相対的剥奪を感じる人が, 集団の中にどれくらい存在するのだろうか.

(3) 全員が競争に参加する場合 集団のメンバー全員が, 地位獲得のために努力して, コストを払っているとしよう. このとき, 集団人数を N, ポストの定員数を n とすると, $N-n$ 人が昇進できない. そのため, $N-n$ 人が相対的剥奪を感じることだろう.

そこで, 集団中のこの人たちの割合を計算すると, $N-n$ を N で割るので, $1-n/N$ となる. n/N は昇進率を表した. そのため, もし昇進率が10%と低いなら, 相対的剥奪率は90%と高くなり, 不満を持つ人が増える. もし昇進率が90%と高いなら, 相対的剥奪率は10%へと下がるはずである. これらは自然なことだろう.

> **結果1** 全員が競争に参加したとき, 相対的剥奪率は「100% − 昇進率」となる(問3への解答例).

この理論的予測を, 図10.1のアメリカ兵データに重ねてみよう(図10.2). もし理論的予測が正しいなら, 憲兵隊と航空隊はどちらも, 点線上に位置するは

ずである．

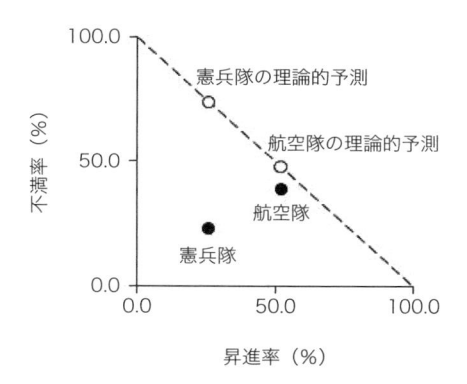

図 10.2 全員がコストをはらった場合の，昇進率と不満率の関係（点線は理論的予測）

図を見ると，航空隊はおおむね予測通りといえる．しかし，憲兵隊は予測からズレている．なぜだろうか．

（4）競争に参加しない人がいる場合　もし憲兵隊の兵士全員が昇進を目指してコストを払っているとするならば，不満を感じる兵士はもっと多いはずである．しかし，実際には航空隊より不満率が低い．そのため，「憲兵隊の兵士の中にはそもそも競争に参加しない人がいるのではないか」と推測できる．

かりに，昇進を最初からあきらめて，そのための努力をまったくしていない者がいたとしよう．すると，彼らは昇進できなくても，それは当然なので，不満に思わないだろう．したがって，客観的な昇進率が低い場合には，そもそも昇進を期待せず，競争に参加しない者が存在するかもしれない．

このことは大学入試においても同様である．もし勉強をまったくしなければ，試験に落ちたとしても，不満を感じることはないだろう（すくなくとも必死で勉強した人に比べれば，不満は小さいだろう）．

仮定 2　集団メンバーには，「昇進を期待して競争に参加し，コストを払う」か「コストを払わないか」か，という 2 つの選択肢がある．

コストを払った場合，うまく行けば昇進に成功し，利益を獲得できる（ケース 1）．このとき，純益は「利益 − コスト」となる．しかし，もし昇進に失敗し

たら、なにももらえない（ケース2）。コストだけかかり、利益はない（純益は「コスト分のマイナス」）。一方、昇進競争に参加せず、コストを払わなかった場合、つねに昇進できない（ケース3）。コストも利益もないので、純益は0となる。

したがって、競争の結果は以下の3種類となる（表10.1）。仮定1から、利益の方がコストより大きかった。そのため、ケース1でもっとも純益が高く、ケース2でもっとも少なくなる。

表 10.1　昇進競争の結果の3ケース

	ケース	純益	純益の高さ
1	コストはらい昇進	利益－コスト	もっとも高い
2	コストはらうが昇進失敗	－コスト	もっとも少ない
3	コストをはらわず昇進しない	0	中間

図10.2から、航空隊では不満率が理論的予測にほぼ一致したので、多くの人が競争に参加していたと推測できる（ケース3がいなかった）。一方、憲兵隊では、不満率が予測より低かった。そのため、参加者が少なかったはずである（ケース3がいた）。

ここから、「昇進率の低い集団においては競争参加者が少なく、昇進率の高い集団では参加者が多いのではないか」という推測が成立する。ではなぜ、昇進率が参加者数に影響するのだろうか。

第3節 ── 結　果

昇進率が低いことは、「コストを払っても失敗する可能性が大きい」ことを意味する。このように「リターンを得ることができないだろう」と判断するとき、人は競争に参加しないだろう。

一方、人は成功の見込みが非常に小さくても、競争に参加する場合がある。それは利益が非常に大きい場合である。たとえば、超難関大学の入試や一流企業の入社試験に合格すれば、そこから得る利益は大きいだろう。その場合、たとえ合格率が低くても、競争参加者は多いだろう。

問4 競争参加者（コストを払う人）は，何人いるだろうか．

競争に参加した場合，ケース1と2の可能性がある．そこで，純益が確率的にいくらとなるかを求めよう（期待値という）．これが0となるなら，ケース3と同じなので，集団としてそのときの競争参加者数に落ち着くはずである．計算すると以下となる（計算の詳細は本書の難易度を超えるので省略．ブードン（1982）参照）．

結果2 競争参加者数は，「定員数×（利益÷コスト）」となる（問4への解答例）．

このことから，第一に定員が多いほど（したがって昇進率が高いほど），競争に参加する人が増加することが分かる．第二に，リターン（利益）が大きいほど，競争参加者が増える．第三に，コストが大きいほど，競争参加者が減るだろう．

第4節 —— 考 察

では，このように集団の一部の人がコストを払うとき，相対的剥奪感を持ち不満を感じる人はどれくらいいるのだろうか．「競争に参加したが昇進に失敗した人」だけが相対的剥奪を感じることに注意し，計算すると以下となる（計算の詳細は本書の難易度を超えるので省略．髙坂（1986）参照）．

結果3 昇進率が「利益÷コスト」より小さいなら，一部の人が競争に参加し，相対的剥奪感を持つ人は昇進率の上昇とともに増加する．「利益÷コスト」より大きいなら，全員が競争に参加するようになり，昇進率の上昇とともに低下する（後半は結果1と同じ）．

図10.3では，例として「コストにたいして利益が倍」の場合を表している．このように，昇進率が低い状態では，昇進率が増加すると，かえって集団の中で不満を感じる人の割合が増えてしまう．

このとき，昇進率50％までは一部のメンバーのみが，競争に参加する．そのため，憲兵隊の不満についての理論的予測が実際のデータと近くなっていることが分かる．

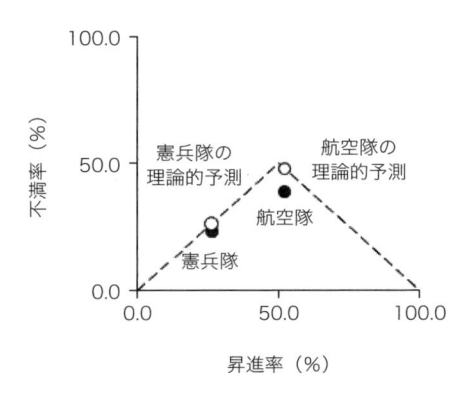

図 10.3 利益がコストの 2 倍の場合の，昇進率と不満率の関係（点線は理論的予測）

結果 4 昇進率が高いと，競争参加者が増えるため，かえって昇進に失敗して相対的剥奪感を持つ人が増加することがある（問 1 への解答例）．

第 5 節 ── 練習問題

（1）生活満足度 2006 年日本版総合的社会調査（JGSS）によれば，現在の生活について「非常に満足」と回答した人が 10.7%，満足 37.9%，どちらともいえない 37.4%，不満 11.3%，非常に不満 2.5% だった．したがって，「非常に満足」と「満足」の合計 48.6% の人がどちらかといえば満足し，「不満」と「非常に不満」の合計 13.8% がどちらかといえば不満だった．

問 5 人びとの生活満足度は，なにによって決まるのだろうか．

ヒント 相対的剥奪以外に，「どのようなメカニズムが働きそうか」を列挙してみよう．

（2）収入 2010 年格差と社会意識についての全国調査（SSP-I2010）によれば，世帯収入が 1,000 万円以上となるのは，中学卒・高校卒のうち 11.1%，短大・四大・高専・大学院卒のうち 19.3% だった．

問6 収入について不満を感じるのは，どちらのグループだろうか．

ヒント どちらのグループが，より相対的剥奪を感じやすいかを考えてみよう．

(3) 幸福感 国際通貨基金によれば，国内総生産は1位アメリカ，2位中国，3位日本，4位ドイツだった（2013年）．一方，世界価値観調査によれば，アメリカ人のうち89.6%が幸福と感じていた（2010年期）．中国は84.5%，日本86.5%，ドイツ84.0%だった．

問7 幸福感の順位は，なぜ国内総生産の順位と一致しないのだろうか．

ヒント 幸福の源泉として，経済規模以外になにがあるかを検討してみよう．

読書案内

●この章のオリジナル

レイモン・ブードン，1982，*The Unintended Consequences of Social Action*. Macmillan Press.
髙坂健次，1986，"A Model of Relative Deprivation." *Journal of Mathematical Sociology*.
　どちらも，相対的剥奪の発生を「人びとが合理的に選択したときの意図せざる結果」として説明している．

●テキスト

原純輔・佐藤嘉倫・大渕憲一編，2008，『社会階層と不平等』放送大学教育振興会．
　社会的不平等を，教育，仕事，ジェンダー，エスニシティといった分野別に解説し，さらに国際比較や歴史的推移も紹介している．

●その他

佐藤嘉倫他編，2011，『現代の階層社会』1〜3，東京大学出版会．
　2005年社会階層と社会移動全国調査（SSM調査）のデータを，多角的に分析している．この調査は1955年以降10年に一度実施されている．
岩井紀子・佐藤博樹編，2002，『日本人の姿：JGSSにみる意識と行動』有斐閣．
　日本版総合的社会調査（JGSS）のデータを，さまざまな角度から分析．とくに第1章と第9章で，生活満足度や幸福感について検討している．

コラム　マルクス『資本論』とマルクス主義

石原英樹

　イタリアの思想家アントニオ・グラムシによれば，1917年のロシア革命は『資本論』(1867〜1894年)に反する革命だった．そもそもマルクスの革命のビジョンは，発達した資本主義国で労働者階級の党が暴力をもちいて資本家階級を倒し，過渡的には社会主義国家やプロレタリア独裁国家をへて，最終的に国家と階級が消滅した共産主義社会が到来するというものだった．だが，現実にはロシアという資本主義後発国（君主が存在し資本家階級も労働者階級も未発達の農業国）で，先に革命が起きてしまった．

　1960年代の学生運動ではついに先進国でマルクス主義的な社会変動のうねりが生じたが，資本主義の自己修正能力の前に弱体化していった．1989年のベルリンの壁崩壊は，「マルクス主義国家という20世紀最大の社会実験の失敗」を意味するとされた．このようにカール・マルクス(1818〜1883)の理論は何度も現実に裏切られたのに，なぜ現在に至るまで淘汰されなかったのだろうか．

　その第一の理由は，マルクス主義が，再分配，格差，公正，正義など「主流」社会科学では十分に扱えない社会問題に，正面から挑んできたからだろう．グローバル化する社会を100年も前から予測するなど，マルクスのビジョンの壮大さ，テキストの重層性も魅力だろう．とくに重要なのは，時代に合わせた柔軟なバリエーションがいくつも生まれたことである．

　たとえば，ネグリらは革命の主体をひろげた．大陸ヨーロッパでは1968年の「5月革命」などの学生運動に多くの市民が呼応し，その結果革命のビジョンが現実に即して変化した．とくにイタリアでは，マルクス主義で革命の主体とされる男性工場労働者に加え，失業者，女性，移民労働者をも革命の主体とみなすアウトノミア（自律）運動が1977年にピークを迎える．マルクス主義フェミニズムのダラ・コスタもこれに連なる．指導者ネグリの活動は冷戦崩壊以降もおとろえず，『帝国』(2001年)では国境を越える多様な人びとを変革の主体「マルチチュード」と呼んでいる．

　また，分析的マルクス主義は，理論と方法をひろげた．大陸ヨーロッパと異なり，1960年代の北欧・英米の文化圏ではマルクス主義が大衆的な政治運動と結びつくことは少なかった．そこで学生運動の影響を受けマルクスを読んだ学者たちは，現実政治からは距離をとり，アカデミズム内部で分析哲学や新古典派経済学などの「主流」科学をマルクス主義に取りいれた．その成果が「分析的マルクス主義」で，マルクス主義理論に欠ける実証面を彫琢した．ライトやローマーによる階級研究，エルスターによる合理的選択理論の導入など，マルクス『資本論』の時代には存在しなかった理論と方法が，現在の社会問題の分析のためマルクス主義理論に躊躇なく注入されたのである．

　しばしば硬直的といわれるマルクス主義だが，少なくともこの2つのバリエーションは21世紀にも十分通用する柔軟性，折衷性を持っている．

マルクス

第11章 福祉

なぜ自殺するのか——アノミー

瀧川裕貴

キーワード　　近代化　社会規範　アノミー　方法論的集合主義　デュルケーム

第1節 —— データ

人口動態統計によれば，日本における自殺者数は1950年代以降少しずつ上昇し，2000年代から年間3万人付近で推移している（図11.1）．2010年には3万人を下回ったものの，諸外国に比べ依然として高い水準に留まっている．

図11.1 年間自殺者数の推移（人口動態統計より）

| データ | 日本では，2000年以降，毎年約3万人が自殺している． |

自殺者は，毎年の交通事故死者数の5〜6倍になる．とくに，20〜34歳代では，死因の第一位を示している（2011年人口動態統計による）．政府は，2006年度に自殺対策基本法を定めた．基本理念として自殺を個人的問題としてだけでなく，社会的要因によるものとして取り組みを進めることをうたっている．

問1（パズル） なぜ人は，自殺するのだろうか．

なお，警察庁によれば，2012年で自殺者の内訳は男性69.2%，女性30.8%，

10代2.1%,20代10.8%,30代13.6%,40代16.6%,50代16.8%,60代17.9%,70代13.1%,80代以上8.7%だった.動機別では,健康問題がもっとも多く,以下経済・生活問題,家族問題,勤務問題,男女問題が続いた.

この章では,**エミール・デュルケーム**(1858〜1917)の「アノミー的自殺」という考え方を紹介する.デュルケームはフランスの社会学者である.1897年に,当時ヨーロッパでやはり自殺が社会問題となっていたため,**方法論的集合主義**の立場から『自殺論』によってメカニズムを解明しようとした.アノミーとは,規範(ノーム)がない状態を意味する.以下では,ハマーメッシュとソスの論文も参考にしながら,紹介しよう.

デュルケームは当時19世紀西ヨーロッパの統計を調べ,自殺が「冬より夏に多い」「若い人より年配者に多い」「健康な人より病気を持つ人に多い」「地方より都市のほうが多い」「一般人より軍人に多い」「既婚者より未婚者や離婚者に多い」「子どもを持つ人より持たない人に多い」「カトリック教徒よりプロテスタントに多い」などの傾向を発見した.図11.2は,当時の西ヨーロッパ15か国について,離婚が増えるほど自殺者が増加したことを示している.

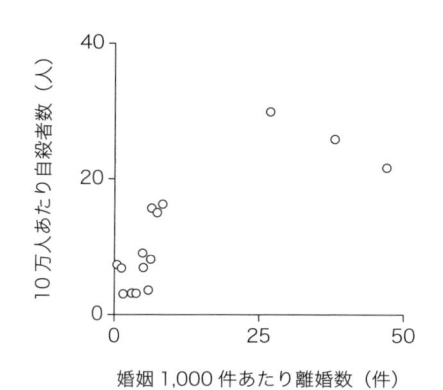

図 11.2 19世紀西ヨーロッパでの離婚数と自殺数の関係(デュルケーム(1897)より)

問2 どのような人が,自殺しやすいのだろうか.

第2節 ── モデル

(1) 合理的選択としての自殺　当時の動機別では，精神疾患が最多で 27.1％，種々の悩み 23.4％，恋愛・嫉妬・放蕩・不品行 17.0％，家庭の悩み 12.5％，貧困・経済的失敗 11.8％だったという（1874～1878年のフランス男性）．しかし，デュルケームは自殺を個人的な「病理」として扱うことに反対した．むしろ，「死が，当人自身によってなされた積極的，消極的な行為から直接，間接に生じる結果であり，しかも当人がその結果の生じることを予知していた場合を，すべて自殺と名づける」と提案した．

定義1　予知したうえで，本人自身が行為した結果として死が発生するとき，それを「自殺」という．

したがって，ここでは自殺を，個人が合理的に考え選択した帰結と捉えていこう．人は生きつづけるなら，人生から喜びや幸福を得る．しかし同時に，借金を背負ったり病気になる可能性もある．そこで，「残された人生から得る利益」と，「人生を生きるコスト」を比較考量し，自殺をするかどうかを決めるとしよう．

定義2　利益からコストを差しひいたものを，「効用」と呼ぶ．

仮定1　人は，残りの人生の効用がゼロになると，自殺する．

人は自殺についてある限界点を持っており，効用がその値を下回ると，自殺してしまうと考えている．これは一種の「いき値」を想定しているといえる（いき値については**第6章**を参照）．

(2) 年齢と所得の効果　では，人生の効用は，どのように定まるだろうか．ここでは，「年齢」と「所得」の2つによって決まるとしよう．まず，年齢を重ねるほど，残り人生の消費量や活動量が減るので，利益が減少するだろう．さらに，生きることのコストは，病気や事故の可能性が増えるため，上昇するはずである．一方，所得が多いほど，消費量や活動量が多くなり，したがって利

益も大きくなるだろう．

仮定2 年齢が高い人ほど，また所得が低い人ほど，効用が低い．

このように，年齢が高くなるほど，また所得が低いほど，人生全体の効用が低下する．その結果，もし効用がゼロとなったら，自殺してしまうだろう．

結果1 高齢者ほど，また低所得者ほど，自殺しやすい（問2への解答例）．

このことを，47都道府県別のデータによって確認してみよう．図11.3をみれば，たしかに高齢化の進んだ県ほど，自殺者が多い．逆に，所得の高い県ほど，自殺者が少なくなっていることが分かる．

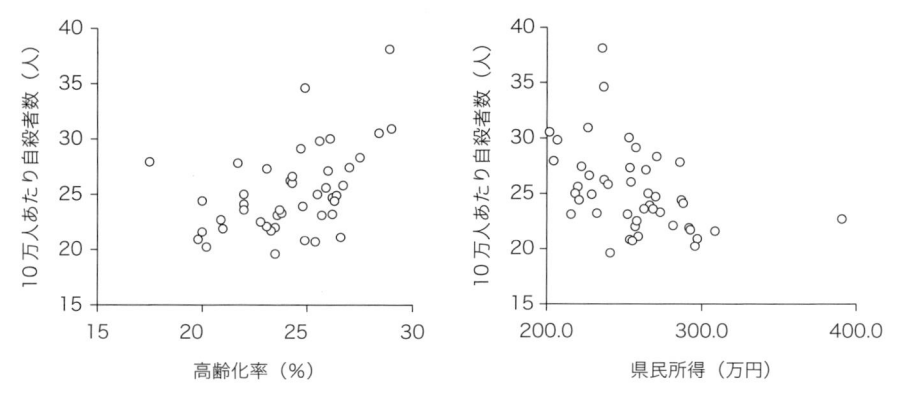

図 11.3 都道府県別の高齢化率，県民所得と自殺数の関係（人口動態統計，人口推計，国民経済計算より）

(3) 近代社会における逆説 デュルケームの時代，19世紀のヨーロッパは，近代化と産業化の時代であった．イギリスに端を発した産業革命は，貧富の差を拡大する面はあったものの，総じて人びとの暮らし向きを改善しているように見えた．イギリス，フランス，ドイツをはじめとし，各地で国民国家が成立した．産業化の帰結と合わせて，人びとは伝統的な共同体の絆から解放され，経済的にも政治的にも個人主義化が進んだ．

近代化や経済成長によって人びとの暮らし向きが向上し，所得が増加したな

ら，仮定2によりこの時代に自殺傾向が低下するはずであろう．

しかし，実際は逆であった．当時のヨーロッパでは「近代化し経済成長すると，かえって自殺率が上昇する」という傾向が見られたのである．たとえば，イタリアは1870年に統一され，工業化が進んだため，総生産が1875～1885年に510億フランだったのが1885～1890年に545億フランへと増えた．ところが同時に，自殺率が1871年には100万人あたり31人だったのが，1877年には41人へと増加した．デュルケームが説明しようとしたのは，まさにこの逆説（パラドクス）であった．

問3 なぜ社会が近代化すると，自殺者が増加したのだろうか．

(4) アノミー デュルケームによれば，伝統的な社会では，人びとが自分たちの身分に応じて生き方を定める確固とした道徳が存在していた．そこでは，人びとの欲求は各人に与えられた社会的役割の範囲をこえず，適度に抑制されていたという．

これにたいして，近代社会ではそのような伝統的な規範が効力を失う．その結果，たがの外れた欲求が際限なく肥大化し，かえって不安やイライラを感じ，人びとはささいな挫折によって生きる意欲を失いがちになる．これがデュルケームのストーリーである．

定義3 社会全体として社会規範が弛緩し，人びとの欲求がコントロールされなくなった社会状態を，「アノミー」という．

仮定3 社会が近代化すると，社会秩序が大きく変わるため，社会規範が弛緩しアノミー状態となる．

デュルケームは「いったん弛緩してしまった社会的な力が，もう一度均衡を取りもどさないかぎり，すべての規制が欠如するという状態が生まれる．人はもはや，なにが正当な要求や希望で，なにが過大な要求や希望なのかをわきまえない」と危惧した．

(5) アノミー的自殺 この社会規範のアノミー化は，社会全体のマクロレ

ベルでの変動である．これが，個人のミクロレベルとどうリンクするのだろうか．

デュルケームは「アノミーは，現代社会における自殺の要因のひとつであり，自殺率を維持しているひとつの源泉である」と推測する．その上で，「人の活動が規制されなくなり，それによってかれらが苦悩を負わされているところから生じる」タイプの自殺を，アノミー的自殺と名づけた．

定義4 アノミーによって引きおこされる自殺を，「アノミー的自殺」という．

仮定4 社会がアノミー状態になると，人びとは自らの欲求をコントロールすることができなくなり，アノミー的自殺をしやすくなる．

第3節 ── 結　果

(1) アノミー的自殺のメカニズム　以上の議論を，第1章のミクロ・マクロ・リンクにそって社会全体のマクロレベルと，個人のミクロレベルに分けて整理してみよう．社会が近代化すると，マクロな水準でアノミーが発生する．これが，ミクロレベルに影響し，個人の欲求の無規制化を誘発する．その結果，アノミー的自殺を促すことだろう．そして，この個人的選択行動が集積して，マクロレベルにもう一度戻って，社会全体の自殺率が増加することとなる（表11.1）．

表11.1　アノミー的自殺発生のメカニズム

水準	①マクロな原因	②ミクロな原因	③ミクロな結果	④マクロな結果
マクロ	近代化によるアノミー状態			自殺の増加
ミクロ		欲求の無規制化	アノミー的自殺	

結果2 社会が近代化すると，社会がアノミー状態となるため，アノミー的自殺が増加する（問1，3への解答例）．

こうして，デュルケームは，一見するとバラバラで無関係な複数の現象を，アノミー的自殺というひとつの概念で説明することに成功したわけである．

(2) 自殺の4類型　では，すべての自殺はアノミー的自殺なのだろうか．デュルケームによれば，これ以外に3タイプあり，さらに複合的に発生することもあるという．

前近代社会の自殺には，2タイプある．もし個人の価値観より伝統的規範が優先されて死に至るなら，「集団本位的自殺」という（宗教的な殉死，軍人の自殺など）．もし極端な独裁状態に置かれたときに自殺が起こったなら，「宿命的自殺」という（奴隷の自殺など）．

近代社会では，アノミー的自殺に加え，「自己本位的自殺」がある．これは，過度に個人主義化が進行したときに発生する（プロテスタントの自殺，独身者の自殺など）．

(3) 経済成長の帰結　仮定3と4によれば，近代化に伴って経済成長すると，自殺率が増大する．一方，仮定2によれば，ある社会における低所得者が自殺しやすいはずである．これらは，両立するのだろうか．

ポイントは，所得は個人レベルであるのにたいして，アノミーはマクロレベルだという点にある．たしかに，経済成長による所得の向上によって，ある程度は自殺リスクが低下するかもしれない．しかし，経済成長が引き起こすアノミーによって，これを上回って自殺リスクが増大するかもしれない．その結果，豊かな社会の自殺率は，総体として上昇しうる．しかもこの場合，その社会の内部での貧困層が，もっとも自殺のリスクにさらされることになる．

このような状況は，実は19世紀よりも今日の自殺によく当てはまる．当時のヨーロッパでは，自殺は社会階層の高い層と低い層の双方に見られた．今日では，自殺は豊かな先進国において，階層が低いほど多く見られるようになっているのである．

第4節 ── 考　察

(1) 職業集団による連帯　それでは，自殺を未然に防ぐには，どのような対策が有効だろうか．当時，宗教や教育や家族を強化することで，自殺を防止できると考えられていた．これにたいし，デュルケームはとくにアノミー的自殺と自己本位的自殺を予防するには，職業集団（同業組合）を組織化することが役立つと提案する．

職人や商人や農民が，職業ごとにグループを作る．そうすることで，個人が国家と分断されることなくつながり，人びとが連帯できる．その結果，近代社会でも孤立感を持つことなく，生活を送ることができると考えたのである．デュルケームは「国家の統一を破壊せずに共同生活の中心を多元化していくための唯一の方法は，職業的分権化」であり，その結果「個人は全体との連帯を保ちながら，その中心に結びつくことができる」と期待した．

(2) 模倣の可能性　デュルケームは,「自殺は社会的な模倣によって発生する」という同時代のガブリエル・タルドの説には，きわめて批判的であった．しかし，ヘドシュトロームたちによれば，家族に自殺者がいる場合には，自殺リスクが 8.3 倍，職場にいる場合には 3.5 倍となった．日本でも，2007 年に松岡利勝農林水産大臣の自殺が報じられた．厚生労働省によれば，その当日から 6 日後までの自殺者数は，例年に比して 1 日あたり 18 人以上増えたという．

このように，自殺は社会規範の強さだけに影響されるわけではない．「社会的つながりを媒介として伝播する」という意味でも，きわめて社会的な現象なのである．

第5節 ── 練習問題

(1) 自殺者数の違い　人口動態統計によれば, 2012 年度の男性の自殺者数は 1 万 8,485 人にたいし，女性は 7,948 人と男性の半分以下だった．曜日別では月曜がもっとも多く，火曜，水曜，金曜，木曜，祝日・年末年始，日曜，土曜の順でへっていった．月別では，3 月がもっとも多く，7 月, 11 月が続いた．12 月がもっとも少なかった．

問4　自殺者数に，なぜこのような違いがあるのだろうか．

　ヒント　中国など，例外的に女性の方が自殺率の高い国を取りあげて，日本と比較しながら検討してみよう．

(2) 若者の自殺　人口動態統計によれば，日本では 20 〜 34 歳の死因の第 1 位が自殺であり，これは先進 7 か国で唯一日本のみである（2011 年）．ただ

し，他の先進諸国においても，若年層の自殺率は上昇しつつある．

問5 なぜ，若者の間で自殺が増加しているのだろうか．

ヒント　デュルケームのアノミー的自殺が，当てはまるか検討してみよう．

(3) 防止対策　世界保健機構（WHO）によれば，日本の10万人あたり自殺率21.7人は，世界で12番目に高かった．

問6 どのようにすれば，自殺を防止することができるだろうか．

ヒント　デュルケームは，職業集団の組織化を提案した．これを参考にし，現代日本で役立ちそうな方法を考えてみよう．

読書案内
●この章のオリジナル
エミール・デュルケーム，1897（翻訳1985），『自殺論』中央公論社．
　　自殺を心理的，個人的原因に求めることに反対し，「アノミー的自殺」という概念を用いて社会的原因によって説明しようとした．

●テキスト
福祉社会学会編，2013，『福祉社会学ハンドブック：現代を読み解く98の論点』中央法規出版．
　　「差別」「貧困」「不平等」「ライフコース」といったテーマごとに，福祉社会学における論点を整理している．

●その他
エミール・デュルケーム，1895（翻訳1978），『社会学的方法の規準』岩波書店．
　　デュルケームによる社会学方法論．社会現象を「社会的事実」として「物のように」扱うことを提唱した．方法論的集合主義の立場がよく現れている．
クリスチャン・ボードロ，ロジェ・エスタブレ，2006（翻訳2012），『豊かさのなかの自殺』藤原書店．
　　現代における自殺を国際比較をふまえて社会学的に論じる．若年層の自殺や，社会階層と自殺の関係について詳しい．
ダニエル・ハマーメッシュ，ニール・ソス，1974, "An Economic Theory of Suicide." *Journal of Political Economy*.
　　デュルケームのアノミー的自殺を，合理的選択理論に基づいてモデル化した．

コラム　デュルケーム『社会学的方法の規準』と方法論的集合主義

渡邊　勉

　まだ社会学という学問が確立していない時代，実証主義的な社会学を目指し，その規準を作ろうという試みが『社会学的方法の規準』（1895 年）である．エミール・デュルケーム（1858 ～ 1917）の基本的立場は，第一に，社会学が対象とする社会は個人の集積ではなくひとつの不可分な全体であり，集合体としての社会を観察，分析するということ（方法論的集合主義），第二に，自然科学的な方法を社会学に応用するということである．

　本書は，こうしたデュルケームの立場を明確に示したものであり，主張は 3 点にまとめられる．第一点，社会学は何を対象とするのか．社会学の研究対象は「社会的事実」である．デュルケームによれば，社会的事実とは，個人の意識の外側にあり（外在性），個人の意識に影響を与える（拘束性）．たとえば，人口の分布や交通路，居住形態，人びとのつながり（融合度）といった固定的なもの（存在様式）もあれば，政治信念，世論，流行といった流動的なもの（行為様式）もある．ここで重要なことは，第一に社会的事実とは集合的なものであり，客観的に存在しているという点，第二に個人の外側にあり，それが個人の行動や意識に影響を与えていると考えている点である．

　第二点，社会的事実をどのように観察するのか．観察のための規準として「社会的諸事実を物のように考察すること」が必要であると述べる．「物のように」という用語の使い方には，刊行当時から多くの疑念が寄せられた．その意味するところは，社会的事実が「物質的な物」と同じであると述べているのではなく，認識の方法についてである．つまり精神的・主観的な分析方法ではなく，観察と実験を通じて客観的に社会的事実に接近しなければならないと主張している．

　第三点，因果関係はどのように特定されるのか．社会的事実を観察した後，どのような因果関係がそこにあるのかを明らかにするためには，比較という方法が必要である．具体的には，ミルの共変法という方法を採用する．条件となる事象 X と結果となる事象 Y があったとき，X が大きくなるほど，Y が大きくなる（また逆に X が小さくなるほど Y が小さくなる）という関係があったとき，そこに因果関係があると考える．『自殺論』に，プロテスタントの多い国は，カトリックが多い国よりも自殺率が高いという例がある．プロテスタントの比率 X が高くなるほど自殺率 Y が大きくなるという関係があるならば，宗教が自殺に影響を与えていると考えるのである．ただし，現代の我々は統計学の初歩で，共変関係があるからといって因果関係が必ずあるとはいえないことを学んでおり，素朴な因果推論であることがわかる．

　たしかに現代の我々から見ると，デュルケームの議論は素朴すぎたり，極端すぎたりする．しかし現代の社会学，とくに計量的方法による社会学がデュルケームの方法論を起点にしていることも事実であり，今なお学ぶべき点は多いといえるだろう．

デュルケーム

第12章 犯罪

なぜ犯罪がなくならないのか
―― ラベリング

石田　淳

キーワード　　認知件数　ラベリング　第一次逸脱と第二次逸脱　ポジティブ・フィードバック　ハワード・ベッカー

第1節 ── データ

　犯罪白書によれば，1980年以降，一般刑法犯の認知件数が徐々に増加している．一方，1980年代から検挙率が低下しており，とくに2000年過ぎには最低レベルになっている（図12.1）．一般刑法犯とは，刑法犯から自動車運転過失致死傷罪や業務上過失致死傷罪などを除いたものをいう．

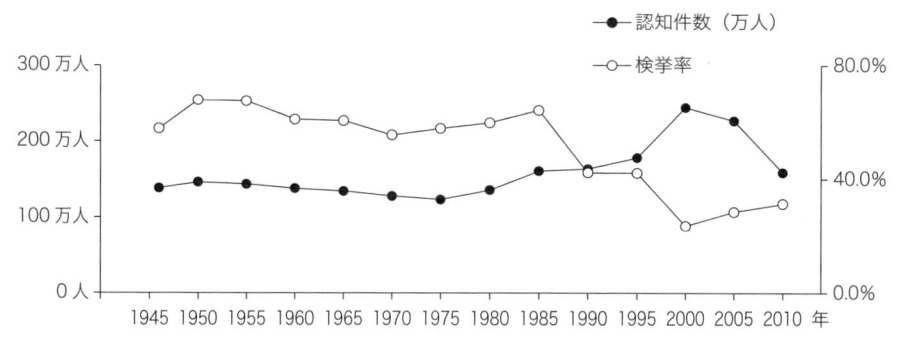

図12.1　一般刑法犯の認知件数（左軸）と検挙率（右軸）の推移（犯罪白書より）

データ　1980年代以降，犯罪数は徐々に増加し，一方で検挙率は徐々に低下してきた．

問1（パズル）　なぜ，犯罪はなくならないのか．

　かつて日本は「安全大国」といわれ，水と安全はタダ同然だった．しかし，

近年さまざまな凶悪事件が立てつづけに起こっており，かつてほど安全ではなくなったようだ．善良な市民を犯罪から守るため，よりいっそうの防犯対策と取り締まりが必要に違いない．テレビや新聞のニュースを見て，このような考えを持つ人が増えているかもしれない．

では，やはり日本では犯罪が増え，安全でなくなりつつあるのだろうか．ここで，「認知件数」の意味を考えてみよう．認知件数とは，犯罪が被害者や目撃者に発見され，警察に届けられ，警察によって犯罪として認定された件数のことである．そうすると当然，「目撃されなかった」り「被害者が泣き寝入りした」ような犯罪は，件数に入らない．もし届け出があっても，警察が犯罪として認定しなければ，認知件数には入らない．

つまり，実際の犯罪の発生件数に，市民と警察両方の関心のスポットが当たったところが，認知件数として統計に浮かびあがってくる．とすれば，たとえ実際には犯罪が増加するどころか減少していても，認知側のスポット・ライトの当て方によって，統計上は認知件数が急増することが起こりうるかもしれない．

実際，2002年に認知件数の増加と，検挙率の低下がピークとなる．これは，1999年に起きた「桶川ストーカー事件」について批判を受けた警察が，相談体制を強化した結果であることが指摘されている．また，1980年以降に認知件数がゆるやかに増加したことも，1980年自転車防犯登録制度制定による窃盗認知件数の増加や，1996年「被害者要綱」制定以降の性犯罪の増加が影響していると考えられている．

つまり，警察の内部事情によって認知のスポット・ライトの当て方が変化し，それが統計上の犯罪件数の増減につながっているのである（河合2004，浜井・芹沢2006）．さらに近年は，「不審者情報システム」の整備に見られるように，市民の側も犯罪にいっそう敏感になっている側面がある．

このように，犯罪という現象には，犯罪を行う側の存在だけでなく，犯罪を「どのように捉え問題化するか」という認知側の存在も，大きく関わっている．さらに，認知側の存在は犯罪者の形成そのものを促進しているかもしれない．

このような視点から，犯罪のメカニズムについて検討したのが，**ハワード・ベッカー**（1928〜）の「ラベリング理論」である．ベッカーはアメリカの社会学者であり，シカゴ学派の流れをくむ．

第2節 ── モデル

(1) ラベリング　法律や慣習といった社会規範があるとき，それに違反することを「逸脱行動」という．逸脱のうち，法的に規定され刑罰が与えられるものが「犯罪」である．

> **定義1**　ある行動を「社会規範に違反した行動である」とラベル（レッテル）を貼ることを，「ラベリング」という．

ラベリング理論の基本的な考え方は，「社会集団は，これを犯せば逸脱となるような規則を設け，それを特定の人びとに適用し，彼らにアウトサイダーのラベルを貼ることによって，逸脱を生みだすのである」という一文に簡潔にまとめられている．こうしたラベリング・プロセスによって，どのように犯罪者が生みだされるのだろうか．

> **問2**　人びとは，ラベリングによってどのように犯罪者となるのだろうか．

(2) 第一次逸脱　まず，誰かが何かの拍子に社会規範に違反した行動を取る．これを「第一次逸脱」と呼ぼう．典型的には，未成年の飲酒・喫煙やけんかなど，いわゆる「非行」である．こうしたちょっとした違反は，生まれもっての犯罪者特性を持つ人が起こすわけではなく，ある年代の若者であれば多かれ少なかれ経験するものだろう．

> **仮定1**　逸脱行動を起こす可能性は，誰にでも等しくある．

ただし，第一次逸脱に対するラベル貼りが，すべての人にではなく，特定の人に「選択的」に行われるとしよう．つまり，違反行動をしたもののうち何人かはバレずに済み，また見つかった場合にも，学校や警察の温情で注意だけで済むこともあろう．しかし，何人かは，学校において問題視され，（停学や退学など）処分の対象になることで「不良」と見なされるかもしれない．あるいは，警察に捕まり，有罪宣告され，前科持ちの「犯罪者」となるかもしれない．

仮定2 社会規範への逸脱行動に対して,「犯罪者」のラベルが選択的に付与される.

ラベリング論では,社会には規範を自由に規定できる支配層集団がいて,そこから遠いマイノリティや社会的弱者が,そうしたラベル貼りの対象になりやすいと考える.アメリカでは,有色人種やネイティブ・アメリカンがそうした立場になりやすいという.移民,外国人,少数派の宗教信者,性的マイノリティなども対象となりやすいだろう.

(3) 第二次逸脱　ひとたび,「犯罪者」のラベルが貼られると,その人は犯罪者としてのアイデンティティやライフスタイルを,次第に形成するようになるだろう.たとえば,「犯罪者」というラベルによって社会的に否定的に評価されることで,正規雇用の職についてキャリア形成するといった正統的な社会的上昇のルートに乗ることが難しくなるだろう.そのことがさらに,非正統的な手段である犯罪へといっそう依存させることになる.

また,ラベルによって「自分は犯罪者としての素質を持っていたのだ」という自己認識が,事後的に生じるかもしれない.さらに,更正施設への入所などを通して,犯罪組織メンバーと接触し,犯罪者集団の考え方や生き方を学ぶチャンスが生まれる.

仮定3 犯罪者のラベルが付与されると,犯罪者としてのアイデンティティやライフスタイルが形成され,犯罪者としての逸脱傾向がさらに強化される.

こうしたプロセスの結果,当初の逸脱行動がさらに強化される.これを「第二次逸脱」という.結果的に,「犯罪者の素質があったから犯罪者になる」のではなく,「犯罪者のラベルを貼られたために本当の犯罪者となる」という,予言の自己成就プロセスが完成するのである（予言の自己成就については**第9章**も参照）.

仮定4 逸脱行動が強化されると,さらにラベルが付与される.

第3節 ── 結　果

(1) ポジティブ・フィードバックという悪循環　では，ラベリング・プロセスがどのような結果をもたらすのだろうか．図12.2のように，横軸に逸脱に対する他者の認知レベル（人びとのラベル貼りの強さ），縦軸に逸脱レベル（逸脱行動の度合いの強さ）をおく．いずれも原点から離れるほど強まることを示す．

ここで，認知レベル・逸脱レベルとも，ある「いき値」を仮定する（図の点線，いき値については**第6章**も参照）．もし認知レベルのいき値を超えると，「これは犯罪だ」と認定され，有罪となったり処分対象になる．その結果，ラベリングが発動される．このとき，仮定3によって，逸脱レベルが結果的に高まる（①の矢印）．

一方，仮定4により，もし逸脱レベルがいき値を超えると，他者の目に触れやくなったり，評判として伝わる．その結果，他者が「あいつは逸脱行動をしているようだ」という認知レベルを押しあげる（②の矢印）．

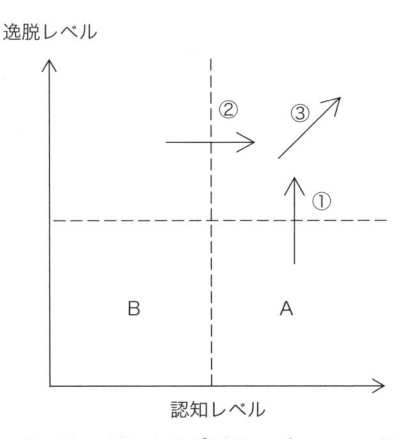

図 12.2　ラベリングによるポジティブ・フィードバック

こうして，いったん犯罪者だとラベリングされると，「認知による逸脱レベルの高まり」が起き，続いて「逸脱による認知レベルの高まり」が発生する．これら2つの動きが合わさることによって，右上の領域では認知レベルと逸脱レベルが自動的に高まっていくだろう（③の矢印）．このとき，一方のレベルの高

まりが刺激となって他方のレベルを高め，相互にレベルを高めあう．これを「ポジティブ・フィードバック」メカニズムという．いわば悪循環が続くのである．

(2) 初期状態依存性　ここで注意したいのは，このようなポジティブ・フィードバックがすべてのケースで生じるのではないということである．たとえば，A君とB君が，(窃盗など) 同じことをしたとしよう．ただし，Aは地元で有名なワルで，普段から目立っていたとしよう．

すると，図のようにAとBは同じ逸脱レベルにある．しかし，Aだけがいき値以上の認知レベルによって認知されるだろう．その結果，Aは犯罪者としてのアイデンティティを持ち，さらに犯罪行為を繰りかえして逸脱レベルが上昇する．そのため，さらに強いラベリングを受けるだろう．ポジティブ・フィードバック領域に入ったのである．

一方，Bは認知レベルが低いため，ラベリングされることがない．そのため，逸脱レベルが上昇することはない．

このように，プロセスが最初にどのような状況から始まるかによって，その後の挙動が変わってくる．このような性質を「初期状態依存性」があるという．

> **結果1**　初期状態に依存して，ラベリングによる逸脱レベルの高まりと認知レベル高まりのポジティブ・フィードバックが発生することがある．

このため，初期状態がAのような場合，(自転車の無灯火運転，キセルなど) 最初のちょっとした逸脱が，高いレベルで認知される．その結果，ポジティブ・フィードバック過程が始動する．最終的に，再犯を繰り返すような一人前の「犯罪者」が生み出され，それが強化され固定化されていくのである．

> **結果2**　第一次逸脱がたまたま高い認知レベルで捉えられ「選択的ラベリング」が起こると，第二次逸脱で認知と逸脱のポジティブ・フィードバックが始動する．そのため，本人の資質や意図とは関係なく，犯罪者となってしまう (問2への解答例)．

第4節 ── 考　察

(1) 偏見の自己成就　マイノリティや社会的弱者といった，社会の支配的

層からは遠い社会集団には，偏見やステレオ・タイプが付いていることがある．そのため，同程度の第一次逸脱であっても，そうでない人たちに比べて，よりいっそうラベルを付与される可能性が高くなるだろう．

たとえば，同じ非行であっても，ある種のエスニック・グループや出身階層の若者は，その社会的カテゴリーと結びつけられうる．その結果，大多数の中流家庭の若者に比べて，より厳しい視線にさらされるかもしれない．こうして，同様の逸脱レベルであるにもかかわらず，マイノリティや社会的弱者は図のAと同じ，そうでない者はBと同じ初期状態からスタートし，選択的なラベリングが行われる．

ここで注目したいのは，こうした選択的なラベリングが，もともとの選択的なラベリングの「根拠」であった偏見やステレオ・タイプを，あらためて「自己強化」するというメカニズムである．結果として，「彼はあのエスニック・グループであの出身階層だから，将来は犯罪者になるに違いない」という根拠のない偏見は，その偏見自体の力によって，根拠のあるものとして自己実現してしまうのである．

(2) 統制が犯罪を生み出すというパラドクス　さらに，ラベリング理論のアイデアを突き詰めていくと「法や社会規範自体が犯罪を作り出す」というラディカルな考え方に行きつく．たとえば，ある種の麻薬の使用は，法的な規制ができる以前は違法ではなかったし，結果的に所持や使用が犯罪になることはなかった．また，20世紀初めのアメリカで「禁酒法」が制定され，この期間だけアルコールの製造や販売が禁止された．そのため，酒類の製造や販売が犯罪となったことは有名な話である．このように，何を違法とするかという定義の違いによって，犯罪の範囲が変わってくる．

このことは，初期状態にも関連する．軽微な逸脱についてそれを犯罪と見なすことが強まれば強まるほど，ラベリング・プロセスが発動しやすくなる．つまり，図12.2の認知レベルのいき値が左側に動くことで，ポジティブ・フィードバックに至る初期状態の範囲が拡大するのである．

結果3　犯罪を定義し取り締まるという活動そのものによって，犯罪は生みだされている．そのため，たとえ犯罪対策を強化しても犯罪がなくなることはない（問1への解答例）．

このように，ラベリング理論は，犯罪者個人に犯罪の原因を還元しない．むしろ，社会による犯罪の認知や統制こそが原因であると考える．したがって，「犯罪の認知や統制が犯罪を生み出す」というパラドクスを指摘する点で，ラディカルなものの見方である．

もちろん，実際の犯罪の説明には，ラベリング以外の多様な要因も考慮する必要がある．また，ラベリング理論の妥当性をどのようにデータによって確かめるかという問題もある．しかしこうした点を差し引いても，ラベリング理論が犯罪について，常識に捕らわれないひとつの有用なものの見方を提供していることはたしかであろう．

第5節 ── 練習問題

(1) 犯罪不安 警視庁によれば，過去1年間に都内の犯罪が「増えた」と感じた人は32.5%,「減った」と感じた人は18.7%だった（2013年, 体感治安の向上と身近な犯罪の被害状況より）．このように，近年日本において人びとの犯罪に対する不安が高まり，実際の治安ではなく「体感治安」が悪化しているといわれている．

問3 社会的に犯罪不安が高まると，実際の治安はよくなるだろうか，あるいは逆に悪化するだろうか．

ヒント ラベリング理論の考え方を用いて，不安の高まりがどのような帰結をもたらすかを，図12.2を使って予想しよう．また，ラベリングによる「負の効果」の一方，不安の高まりによって社会の防犯意識が高まって，実際に犯罪が抑制されるという「正の効果」も考慮する必要があるだろう．

(2) 再犯 犯罪白書によれば，交通事故などを除く一般刑法犯の「再犯者率」（検挙人数に占める再犯者の比率）が15年連続で上昇しており，2011年には過去最悪の43.8%であった（2012年）．

問4 再犯を減らすためには，どのような取り組みが有効であろうか．

ヒント ラベリングの悪循環を断ち切るために，どのような仕組みがありうるかを考えてみよう．

(3) 冤罪　最高裁判所によれば，警察による拷問や誘導尋問などのため，一審，二審を事実誤認と認め差し戻した事件が，戦後9件ある．

問5　ラベリングを用いて，なぜ冤罪が起こるのかを説明してみよう．

ヒント　図12.2の中で，冤罪はどのようなプロセスをたどるかを，考えてみよう．

読書案内

●この章のオリジナル
ハワード・S・ベッカー，1973（翻訳2011），『完訳アウトサイダーズ』現代人文社．
　ラベリング理論について理論的に考察する．さらに，マリファナ常習者へのインタビュー，シカゴのダンス・ミュージシャンの世界への参与観察など，逸脱現象の実証研究も行っている．

●テキスト
矢島正見・山本功・丸秀康編，2009，『よくわかる犯罪社会学入門』学陽書房．
　そもそも犯罪や非行とは何なのかを，社会学的に分析する．犯罪データの読み方，調査方法なども紹介．

●その他
浜井浩一・芹沢一也，2006，『犯罪不安社会』光文社．
河合幹雄，2004，『安全神話崩壊のパラドックス』岩波書店．
　この2冊は，いずれも近年の犯罪不安の高まりや体感治安の悪化が事実を反映したものではないことを，犯罪統計を解読することで明らかにしている．
ランドル・コリンズ，1992（翻訳2013），『脱常識の社会学　第二版』岩波書店．
　犯罪だけではなく，儀礼，権力，愛と所有，人工知能などをテーマとして，脱常識的で逆説的な社会学の魅力を伝える．

ホワイト『ストリート・コーナー・ソサイエティ』と参与観察

三隅一人

　本書は都市エスノグラフィ（民族誌学的著作）の古典として，1943年の初版以来，広く読みつがれてきた．邦訳も1979年（寺谷弘壬訳）版と2000年（奥田道大・有里典三訳）版の2つがある．舞台はアメリカ・ボストン市の一角，「コーナーヴィル」と称されるイタリア系移民コミュニティである．そこでウイリアム・ホワイト（1914～2000）は，低階層の若者たちが集う街角ギャング団のひとつ，ドックをリーダーとするノートン団と行動をともにしつつ，足かけ4年をかけて住み込みのフィールド調査を行った．ホワイト自身は典型的な中産階級の出身で，この調査もハーヴァード大学の奨学金給付研究員としてのものであったから，言葉や階層の壁を超えたラポール（信頼関係）形成には脱帽する．読者は時空間を超えて，当時のコーナーヴィルの日常を生々しく感じとることができる．問題は，我々がそこから何を読みとるかである．

　この生々しさには，ホワイトと対象世界との相互干渉が混じり込む．地域の問題解決や政治過程に過度に関わっていくホワイトの姿は調査行為を超えているし，ドックもしばしば共同調査者としての顔を見せる．ホワイトは，彼がとった調査法を後に参与的行為観察（participate action research）と呼び，社会調査を対象世界との緩やかな協働プロジェクトのように捉えている．社会学は，観察者を自ら含む対象世界を観察する危うさを引きうけざるをえないが，ホワイトの調査手法はその際のひとつの模範として読みつがれているのであろう．

　社会調査におけるこうした観察者の立ち位置の問題は，1992年に『現代民族誌学雑誌』（Vol.21-2）で展開された論争の意義を含め，本書のアペンディクス（彼のフィールドワーカーとしての裏話的な記録やコメントを記した付録．1955年の拡大版から収録され，改訂を重ねている）を通して追体験的に考えてみる価値がある．

　ホワイトはこの研究でシカゴ大学から学位を得たが，当時シカゴ大学では人間生態学による都市社会学が盛んだった．この理論は，急激な都市化のもと犯罪増に病むシカゴをフィールドとし，スラム（推移地帯）を社会解体の視点から捉える．アペンディクスには，学位審査に当たったワースとの厳しいやりとりの様子が記されている．

　しかしながら，両者の関係はほんとうに対抗的なのだろうか．たしかにホワイトはスラム内部の組織化（非解体）を主張し，スラムを見る視点では人間生態学の解体論に真っ向から対立する．しかし彼は同時に，その組織化が外部の社会組織と調和的でないことの問題を指摘する．これは，似た者同士がばらばらに集まり住むモザイク的解体というワースのアーバニズムのテーゼを，ひとつの集まりの側から解題した議論ともいえる．このように当時の理論状況を相対化しながら，都市化ないしは都市コミュニティのメカニズムの解明という課題を自覚的に持つことで，理論的にも本書の現代的意義を掘り起こす余地があるかもしれない．

ホワイト

第13章 経　済

なぜ資本主義が成立したのか
――プロテスタンティズムの倫理

金井雅之

キーワード　　理解社会学　理念型　世俗内的禁欲　方法論的個人主義　ヴェーバー

第1節 ── データ

　ペーター・フローラによれば，近代資本主義が最初に発達した地域，すなわちイギリスやオランダは，プロテスタントが多い地域だった．資本主義という経済制度は，なぜ近代の西欧においてのみ誕生できたのか．この問いは近現代社会の特徴を考える上で避けて通れない歴史的な問いであり，19世紀のドイツを中心とする歴史・社会科学においても，さまざまな角度から研究が進められていた．

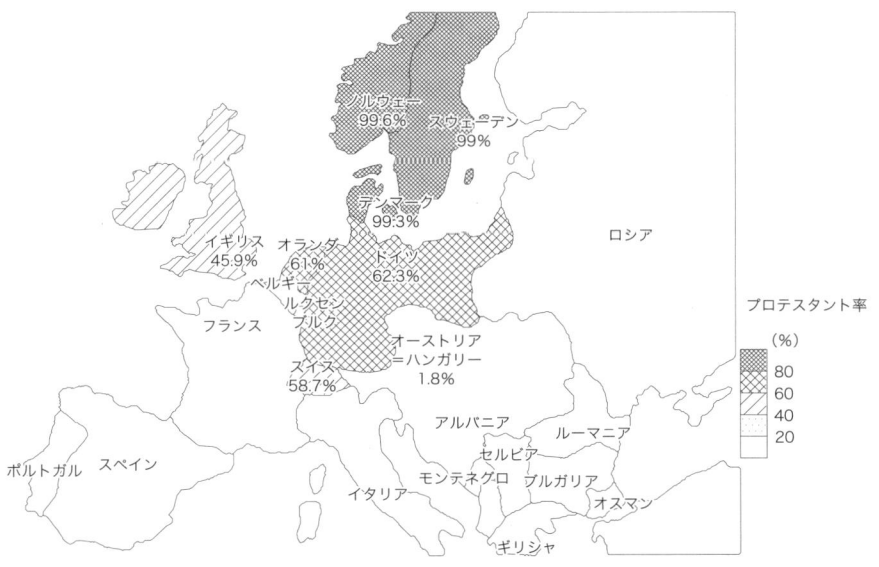

図 13.1　1870年ごろのヨーロッパ諸国におけるプロテスタントの比率（ペーター・フローラ『ヨーロッパ歴史統計』より）

122　第13章　経済

データ　近代資本主義が勃興(ぼっこう)した地域は，プロテスタンティズムが優勢だった地域でもある．

　この事実は，近代資本主義という経済制度とプロテスタンティズムという宗教倫理との間に，何らかの関連があるかもしれないことを示唆している．19世紀ドイツの社会学者**マックス・ヴェーバー**（1864〜1920）は，かりに前者を結果，後者を原因と見立てた．そのうえで，**方法論的個人主義**の立場から，もしプロテスタンティズムの宗教倫理が近代資本主義という経済制度に親和的な生き方をする人びとを生みだしたとすれば，それは具体的にどのような因果連鎖として説明できるだろうか，という問いをたてた．

問1（パズル）　プロテスタンティズムの宗教倫理は，どのような因果連鎖を通じて，近代資本主義を生みだしたのか．

第2節　── モデル

（1）理解社会学　プロテスタンティズムと近代資本主義という，社会の多くの人びとに共有された価値や制度を考察するに当たって，ヴェーバーはそれらの影響下にある個々人の行為の意図や動機に注目するという方法を意識的に採用した．

定義1　社会の諸制度の歴史的な因果帰属は，個人の行為の意味や動機を解明し理解することを通じて明らかにすることができる，とする方法的立場を「理解社会学」という．

（2）理念型　ところで，ある時代のある集団には多様な人びとが含まれているから，行為の意味や動機をどのように一義的に定式化すればよいかは自明ではない．また類例との比較を通じた因果帰属を行うためには，比較のためのなんらかの基準が必要になるはずだ．

問2　ある集団に共有された意味や動機，および歴史的因果帰属を行うための比較の基準となる概念を，どのように構成すればよいだろうか．

人間の思考の働きの産物である意味や制度を研究対象としながら，客観的な経験科学という立場も放棄するわけにいかない社会学にとって，これは方法論上の難問である．ヴェーバーの解答は，そうした現実の一部分を研究者の目的に即して切りだし，再構成した概念，すなわち「理念型」を，因果帰属探求のための足がかりとして利用していく戦略であった（問2への解答例）．

| 仮定1 | 理解社会学においては，現実社会の特徴を研究者の目的にしたがって理想上の極限概念として「理念型」を作成し，用いることができる．|

理念型には，ある時代のある集団の人びとに共有された価値や社会制度のような特定の「歴史的個体についての理念型」と，歴史的個体を相互に比較するときの規準となる「類的理念型」とがある．

理念型は現実から再構成されたものではあるが，現実そのものではない．その役割はむしろ，個々の現実がそこからどの程度離れているかを測定するための規準となることである．また，理解社会学の最終的な目標は社会の諸制度の歴史的因果帰属を明らかにすることであり，理念型はその過程で一時的に使われる道具に過ぎない．実際，ヴェーバーのさまざまな研究において，理念型は研究の進展に伴ってその内容が変化していくという動的な側面を持っている．

第3節 ── 結　果

(1) 資本主義の精神　　近代資本主義の誕生という問題を考察した論文「プロテスタンティズムの倫理と資本主義の精神」（以下「倫理」論文）において，ヴェーバーはプロテスタンティズムから近代資本主義に至る歴史的因果連鎖の探求の当面の終着点を「資本主義の精神」と名づける．こうした動機や生活態度をもつことで，人びとが経済活動熱を高め，近代資本主義の担い手である「企業の経営者」や「上層の熟練労働者」になっていくことだろう．

ヴェーバーはこの資本主義の精神という理念型を，18世紀アメリカで活躍したベンジャミン・フランクリンに注目して，つぎのように整理する．

| 結果1 | 資本主義の精神とは，①自分の資本を増加させることを自己目的と考え，②たとえば正直にみせかけることによって他人の信用を獲得できるならそれ以上の内面的な努力は不要というような「功利的な傾向」も垣間見られるものの，③

それらの背後には,「貨幣の獲得は職業における有能さの結果であるからこそ価値があるのであって,各個人は自分の職業活動の内容を義務と意識すべきだ」という「職業義務」観が存在するような,生活態度のことである.

　この3つの要素のうち,②と③はよく考えると互いに微妙な緊張関係にあるかもしれないが,それらを無理に統合せずに丁寧に描き出しているところが,理念型の特徴である.
　①は貨幣の獲得が,なにか別の目的のための手段なのではないことを意味している.これは個々人の利益や自然な享楽を求める快楽主義の生き方とは対照的なものであり,「捕らわれない立場からみれば,『自然の』事態を倒錯したおよそ無意味なことといえようが,また資本主義にとっては明白に無条件の基調」であるとヴェーバーはいう.そしてその背後に宗教的な観念の働きを,想定するのである.

問3　資本主義の精神を生みだした宗教的基盤は,なんだったのだろうか.

(2) ルターの職業観　そこで,ヴェーバーはまず,「神から与えられた使命」という意味を持つ職業(Beruf)というドイツ語を作った宗教改革の先駆者マルティン・ルターに着目する.そして,それまでのカトリックにおける聖職者と一般信徒との区別を廃し,宗教的達人の「世俗外」の修道院における労働ではなく,普通の人びとの「世俗内」の職業労働に宗教的・道徳的価値を与えた点を,職業義務観への道を開いた歴史的意義を持つものとして評価する.
　しかし,ルターの思想には一方で,世俗的職業は神が与えた秩序であるから人びとはこれを甘受し順応すべきである,という伝統主義的な側面もあった.そのため,職業を神から与えられた使命として積極的に遂行していこうとする能動的態度を生みだすには至らなかった,とヴェーバーは見る.

(3) カルヴァン派の予定説　そこで,つぎにヴェーバーが注目するのが,禁欲的プロテスタンティズムと彼が呼ぶ4つの宗派であり,その中でも理念型としてもっとも分かりやすいのがカルヴァン派である.カルヴァン派の宗教教義の中で「倫理」論文の論理展開上もっとも注目に値するとされるのが予定説

である．その理念型をヴェーバーは，17世紀イギリスのピューリタンたちに影響を及ぼした『ウェストミンスター信仰告白』に依拠して，つぎのように整理する．

結果2 カルヴァン派の一般信徒たちは「予定説」を以下のようなものとして受けとめた．すなわち，神はこの世界が始まる前に，ある人びとを来世における永遠の生命（救われる）に定め，他の人びとを永遠の死滅（救われない）に定めた．これは人間の現世における信仰や善行によって変更できるものではなく，人間は自分がどちらなのかを知ることもできない．

このような教義を信じた人たちは，どのような反応や生き方をするだろうか．カルヴァン本人は，自分が救われていると信じて疑わなかった．しかし，彼ほど強くはない一般信徒にとっては，「救いの確信」もしくは「標識」をどのように手に入れるかということが切実な問題となった．

これに対して当時の教会は「日ごとの闘いによって自己の選びと義認（神の一方的恩恵により罪を赦されることをきっかけとして，実際に神との正しい関係を保てる人に成長していくこと）の主観的確信を獲得」するように勧めるとともに（「神の道具」としての行為主義），そうした自己確信を獲得するための最良の方法として「絶え間ない職業労働」を命じた．しかも，個々の善行の積み重ねによって悪行が帳消しにされるというカトリックのような立場を取らない以上，一度でも「死滅」の兆候があらわれてしまったら命取りになる．

こうした高度な内面的緊張のもとで，人びとの日常的な倫理的実践から無計画性と無組織性が取りのぞかれ，組織的な自己審査によって救いの確信を自ら造り出すという能動的な生き方が確立された，とヴェーバーは主張し，こうした生き方を「能動的禁欲」と呼ぶ．

能動的禁欲という生き方自体は，中世のカトリックの修道院においても見られた．しかし，カトリックの禁欲が少数の宗教的達人による世俗外の世界に限定されたものであったのに対して，ルターのしいた世俗内への軌道に沿って発展したカルヴァン派の禁欲は世俗内のきわめて多くの人びとに実践された．このことが，近代資本主義の誕生にとって決定的な歴史的意義を持ったのである．

結果3 カルヴァン派の予定説は，救いの確証を得たいという心理的欲求の作用を通じて，世俗内的禁欲という生き方を大量に生みだした（問3への解答例）．

(4) 世俗内的禁欲の意図せざる結果としての資本主義精神　こうして生まれた世俗内的禁欲は，消費においては所有物の無頓着な享楽に反対し，消費全般，とりわけぜいたく（奢侈的）な消費を圧殺する．そして生産においては財の獲得を伝統主義的な倫理の障害から解き放った．これらによって，近代資本主義の条件となる社会的な「富の蓄積」をもたらした，とヴェーバーはいう．

> **結果4**　世俗内的禁欲は，人びとの消費や生産に関わる行為を一定の方向に誘導することを通じて，結果として「富の蓄積」をもたらした（問1への解答例）．

理解社会学にとって重要なのは，これはけっして彼らが意図的に望んだものではなかったということである．他の多くの宗教と同様に，禁欲的プロテスタンティズムの指導者たちは富の誘惑に対してきわめて強い警戒感を抱いており，被造物神化（神以外の何かを崇拝すること）に当たるこうした誘惑に負けないよう，繰り返し信徒に警告していた．にもかかわらず，その後現代社会に至るまで，歴史上実際に起こったのは，まさにそうした誘惑のために，当初の宗教的熱狂と緊張感が喪失してしまったということである．

「倫理」論文の冒頭で理念型として構成した「資本主義の精神」（結果1）の多面性は，宗教的熱情とともに誕生した世俗内的禁欲が，貨幣増殖を自己目的化（①）した結果として自ら生みだした富の誘惑によってその宗教的基盤を掘り崩されつつも（②），職業義務観（③）という残滓をまだ留めているという，いわば過渡期の産物だったのである．

> **結果5**　富の誘惑の結果，当初の宗教的基盤を喪失した世俗内的禁欲は，近代文化の本質的要素のひとつともいうべき「職業理念を土台とした合理的生活態度」という残滓を，意図せざる結果として後世に残した．

第4節 ── 考　察

(1) 淘汰のメカニズムによる資本主義の自己展開　ヴェーバーがとりあえず探求の終着点としたこの「資本主義の精神」は，その後どのように展開していったのだろうか．

問4 宗教的基盤という心理的機動力を喪失した資本主義の精神は，その後どのようにして近代資本主義という経済制度を作り上げたのだろうか．

ここでのヴェーバーの解答は，経済的「淘汰」のメカニズムである．営利を自己目的として職業労働に励む資本主義の精神をもつ経営者ないし労働者は，当初は周囲の伝統主義的な同業者の迫害を受けやすい．しかし，それに耐えてある程度の富の蓄積に成功すると，周りの者も動機はともかく少なくとも外面的には同じように行動しないと，自らの生計が立ち行かなくなる．

こうして時代が下れば，最終的には「今日の資本主義的経済組織は既成の巨大な秩序界であって，個々人は生まれながらにしてその中に入りこむのだし，個々人にとっては事実上，その中で生きねばならぬ変革しがたい鉄の檻として与えられている」（大塚訳 p.51）という事態が出現したとヴェーバーは見るのである．

(2) 動機理解のための「合理性」 ヴェーバーの議論の重要なメッセージは，人びとの行為はかならずしも意図した通りの社会的帰結を生むとは限らないことである．人びとの行為の動機の理解を目指す理解社会学にとっては，動機をいかに明証的かつ妥当な形で描きだし，検討するかが最大の課題となる．そのための方法としてヴェーバーは，ある行為がさまざまな意味での「理」にかなっているか，すなわち「合理性」という観点から，動機を理解することを提案する．

行為のうちもっとも明証性が高いのは「目的合理的」な行為，つまり行為者において一義的に把握された目的を達成するために，主観的に最適と考えられる手段として行われる行為である．一方，ある行為が研究者から見て客観的に妥当なものに正しく方向づけられていることを「整合合理的」であるという．

ヴェーバーは後に「倫理」論文における自らの主張を，つぎのように整理している．「一見すると直接に目的合理的に条件づけられているように思われる現象が，実は歴史的にはまったく非合理的動機から生みだされており，その後に，生活諸条件の変化がそれを高度な技術的『整合合理性』にまで成長させたがゆえに，『適したもの』として生きのこり，場合によっては普遍的に見られるものとなる」（『理解社会学のカテゴリー』海老原・中野訳 p.26）．

このように，合理性という概念は理解社会学において，行為の動機理解のた

めの理念型としての役割を果たすのである．

第5節 ── 練習問題

(1) 組　織　経済制度としての近代資本主義を考える上で重要なのが，企業などの近代組織である．ヴェーバーはここにもカルヴァン派の教義の影響を指摘している．

> **問5**　カルヴァン派の教義は，近代組織の形成にどのように影響を与えたのだろうか．

ヒント　予定説が当時の人びとに与えたもうひとつの心理的影響としてヴェーバーは，自分も隣人も神に選ばれているかが分からないことから生じる「内面的孤独化」を指摘する．これが被造物神化の拒否というカルヴァン派のもうひとつの教義と結びつくと，ある独特な人間関係（隣人愛）を生み出し，近代のさまざまな社会制度にも影響を与えたという．佐藤(1993)も参考になるだろう．

(2) 西欧以外における宗教と経済との関係　なぜ西欧においてのみ近代資本主義が誕生したのかという問いは，プロテスタンティズムとは異なる宗教倫理を持つ他の文明圏ではなぜそれが誕生しなかったのか，という問いと表裏一体のものである．

> **問6**　世界のさまざまな宗教の価値理念は，経済をはじめとする社会制度の形成にどのような影響を与えてきたのだろうか．

ヒント　折原(2010)は，ヴェーバーが試みたものの未完に終わったこの比較研究の構想を踏まえて，とくに東アジア文明圏における宗教倫理と社会制度との関連について考察している．

(3) 予定説の歴史的起源　「倫理」論文では近代資本主義を生み出す歴史的因果連関の出発点としてとりあえず所与とされていたカルヴァン派の予定説は，それ自体が古代ユダヤ教からキリスト教にいたる普遍的一神教の発展の中で形成されてきた歴史的個体である．

問7 予定説は，どのような歴史的因果連鎖の結果生まれたのか．

ヒント 折原浩『ヴェーバー学の未来』は，ヴェーバーの残した断片的叙述の再構成を通じて，なぜこの世界に悪や不完全が存在するのかという「神義論」に対するひとつの合理的な解答として，予定説を位置づけている．

読書案内

●この章のオリジナル

マックス・ヴェーバー，1920（翻訳 1989），『プロテスタンティズムの倫理と資本主義の精神』岩波書店．
　　大塚久雄訳．他にもいくつか翻訳がある．初学者は折原浩『ヴェーバー学の未来』を参考にするとよい．

●テキスト

渡辺深，2002,『経済社会学のすすめ』八千代出版．
　　これまで経済は経済学の対象と考えられてきたが，「経済は社会構造に埋め込まれている」という立場から社会学的にアプローチしている．

●その他

佐藤俊樹，1993,『近代・組織・資本主義：日本と西欧における近代の地平』ミネルヴァ書房．
　　ヴェーバーの着想を自由に発展させる形で，近代資本主義における組織の意義や，日本における近代化の問題などを論じている．

折原浩，2010,『マックス・ヴェーバーとアジア：比較歴史社会学序説』平凡社．
　　ヴェーバーの業績を丁寧に再構成しつつ，東アジアや米国・ロシアといった西欧の周縁地域における近代化の諸問題について考察している．

サミュエル・ボウルズ，2004（翻訳 2013）,『制度と進化のミクロ経済学』NTT 出版．
　　経済現象における制度の意義を，進化ゲーム理論を用いながら解説している．

コラム　ヴェーバー『社会科学と社会政策に関わる認識の「客観性」』と理解社会学

盛山和夫

『客観性論文』として名高い本書は，雑誌『社会立法・社会統計アルヒーフ』(1888～1903年)が『社会科学・社会政策アルヒーフ』(1904～1933年)と名前を変えて再出発するにあたり，共同編集者の一人であるマックス・ヴェーバー(1864～1920)が同誌の基本的な立場を宣明するという役割を担って書かれた論文である．その背景には，当時のドイツにおける社会政策についての学術的研究のあり方を巡る論争があり，それは結局のところ「社会科学における客観性とはなにか」という問題であった．

本書はこの問題に対して「客観的な社会科学というものは，『なにをなすべきか』という規範的判断にはコミットしない」という「価値自由」テーゼに立脚しつつ，それに代わって，社会科学がなすべきことは，社会・文化的個別事象を個性記述的に認識することであるという「文化意義認識のテーゼ」を展開する．この文化意義認識の方法的用具として「理念型」の概念が華々しく提示されている．

この客観性論文は，ほぼ同じ時期に執筆された『プロテスタンティズムの倫理と資本主義の精神』の方法論的な注釈という側面を持っている．後者においてヴェーバーが目指したのは，歴史上一回限りの個別事象である「西欧における資本主義の成立」に関して，関連する諸事象の間の因果連関を解明することを通じてその文化意義を解明することであった．そこでは，資本主義，ルターの職業観念，カルヴァン派の予定説，世俗内禁欲，資本主義の経済倫理などの個別文化事象が理念型的に構成され，その上で，20世紀の初頭に西欧で確立していた経済システムである資本主義の因果的・歴史的な淵源が明らかにされるのである．その立論はきわめて周到かつ緻密な論理で組みたてられており，その論理性は個別事象の「理念型的構成」に大きく依拠している．これによって「なぜ西欧のみに？」という資本主義の歴史的な謎を解明しえたという自信が，客観性論文におけるヴェーバーの揺るぎのない確信に満ちた，そしてきわめて魅惑的な，語り口に現れているといえる．

しかし，はたして今日，理念型という方法と資本主義の成立に関するヴェーバー・テーゼは妥当なものとして奉戴されているかといえば，そうではない．じつはヴェーバーが理念型概念を打ちたてるに当たってモデルにしたのは，経済学分野で展開されつつあった市場経済の経済モデルであり，それは「歴史的文化的な個別事象」ではなく経験的で具体的な世界との対応をいったんかっこに括った「純粋に論理的な構成物」である．したがって歴史的な個別事象を表象するものとして組みたてられたどんな理念型も，「いずれは廃棄されうる一時的な仮説的構成物」でしかない．ヴェーバーの客観性論文は，個別諸事象の理念型的構成とともにそうしたアイロニカルな運命を内包していたといえるだろう．

ヴェーバー

第14章 環境問題

なぜ環境問題が起こるのか
——囚人のジレンマ

篠木幹子

キーワード　　共有地の悲劇　囚人のジレンマ　ナッシュ均衡　ゲーム理論　ハーディン

第1節 ── データ

　環境統計集によれば，1970年以降日本全体のごみの総排出量と，1人1日あたりのごみの排出量は，どちらも次第に増加してきた（図14.1）．その結果，ごみの最終処分場で処理がひっぱくしたり，ごみ処理施設をどこに建設するかなどを巡り，各市町村はごみ問題に頭を悩ませるようになった．たとえば，1999年2月に名古屋市では「ごみ非常事態宣言」が出された．

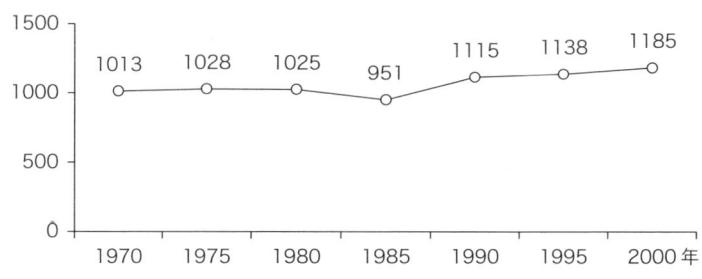

図 14.1 1人1日あたりごみ量の変化（単位はグラム，環境統計集より）

データ	ごみの量は，1970年以降ほぼ増加しつづけている．

　環境問題とひとことでいっても，その中には「地球温暖化」「生物多様性の減少」「エネルギー問題」「森林破壊」「ごみ問題」など，地球規模の問題から身近な地域の問題までさまざまである．しかし，共通しているのは，我われ自身の活動によって環境が悪化し，それによって我われ自身の健康や生活がおびやかされる可能性がある，ということである．この章では，さまざまな環境問題の

中でも，身近なごみ問題に焦点を当てて検討を進めていこう．

とはいえ，我われはごみ問題をわざと生じさせようと思って，日々生活しているわけではない．また，ごみ問題が「問題」であることも頭では理解している．しかし，人びとがごみを出しつづければ，社会全体のごみは当然増加する．その結果，名古屋市のように埋め立て処分場が確保できなかったり，ごみ処理の税金負担が増えたり，高額な指定ごみ袋を買う必要が出てくるのである．

問1（パズル） ごみ減量やごみ分別など，ごみ問題の解決に，なぜ人びとは協力できないのだろうか．

ごみ問題は，自分ひとりが取りくめば解決するわけではない．同じ社会の中で暮らしている「他の人の行動」も考える必要がある．アメリカの生物学者ギャレット・ハーディン（1915～2003）は，「限られた共有地で人びとが牛を飼うと，各自が牛を増やしすぎるため，荒れはててしまう」という「共有地の悲劇」を指摘した．この章では，**ゲーム理論**の立場から共有地の悲劇を「囚人のジレンマ」（**第4章**も参照）としてモデル化していこう．

第2節 —— モデル

（1）囚人のジレンマ　ほかの人の行動と自分の行動の結果を考えながら，人びとがどのように行動を選択するかは，「ゲーム理論」で把握することができる．ゲーム理論はアメリカの数学者ジョン・フォン・ノイマン（1903～1957）によって体系づけられた．人間関係の中で生じるさまざまな出来事に適用できる．

囚人のジレンマでは，2人の共犯者AとBに，つぎのような「司法取引」が持ちかけられたと想定している（アメリカではこのような司法取引があるが，日本ではない）．「もし，相手が黙秘しあなたが自白したら，あなたは自由になる．しかし，相手が自白しあなたは黙秘したら，あなたに懲役10年の刑期が言い渡される．2人とも自白したら，2人とも有罪確定するが，刑期は10年の半分の5年となる．2人とも黙秘しつづけたら，自由にはならないが2年の刑期ですむ」と．

表14.1は，この2人の囚人（正確には囚人候補）の選択によって，利得（ここでは懲役年数）がどのように決まるかを表している．表中の左側の数字は囚

人Ａの懲役年数，右側の数字は囚人Ｂの懲役年数を示し，刑期が長くなるほど負の数字が大きくなる．黙秘は相手と協力しあうことなので「協力行動」，自白は裏切ることになるので「裏切り行動」と呼ぼう（囚人のジレンマについては**第4章**も参照）．

表14.1　囚人のジレンマゲーム（単位は懲役年数）

囚人Ａの選択	囚人Ｂの選択	
	黙秘（協力）	自白（裏切り）
黙秘（協力）	−2, −2	−10, 0
自白（裏切り）	0, −10	−5, −5

仮定1　人びとは合理的なので，自らの利益が大きくなるように行動する．

問2　もしあなたが囚人のジレンマ状況に置かれたとき，黙秘するだろうか，自白するだろうか．

(2) 支配戦略　すでに2人とも逮捕されているため，囚人Ａは囚人Ｂと連絡をとれない．もし，囚人Ｂが「黙秘しよう」という約束を守って黙秘を続けた場合，囚人Ａは自白をした方が刑期は短くて済む．もし囚人Ｂが裏切って自白を選択した場合，囚人Ａも自白した方が，やはり刑期は短くて済む．したがって，囚人Ｂが黙秘しようが自白しようが，囚人Ａは自白をした方がつねに短い懲役年数で済む．このことは囚人Ｂにも同じように成りたつ．

定義1　相手がどのような選択をしても，自分が他の選択をする場合よりも自分の利益が大きくなるような選択肢が存在するとき，その選択肢を「支配戦略」という．

囚人のジレンマでは，自白が支配戦略となる．そのため，自白のほうが黙秘よりいつでも得なので，合理的な人ならかならず裏切って自白することだろう（問2への解答例）．

(3) ナッシュ均衡　囚人Ａと囚人Ｂにとって，自白は支配戦略に従って選んだ「最適」な反応である．この結果は，ナッシュ均衡のひとつである．ある

状態がナッシュ均衡だと,もし自分だけが戦略を変えても,けっして得とならない.

定義2 すべての人が,相手の戦略に対して最適な反応をしているとき,その状態を「ナッシュ均衡」という.

ナッシュ均衡はアメリカの数学者ジョン・ナッシュによって提案された.1994年にこの功績でノーベル経済学賞を受賞し,生涯が2001年に「ビューティフル・マインド」として映画化された(アカデミー賞作品賞受賞).

囚人のジレンマゲームの場合,囚人Aも囚人Bも自白することがナッシュ均衡となる.しかしその結果,両者の刑期は5年となる.2人の囚人の合理的な行動は,全体でみれば刑期が短くなるわけではない結果を導くのである.

(4) N人囚人のジレンマ　ここまでは「2人」の囚人の場合を検討してきた.しかし,現実の社会の中では,もっとたくさんの人びと(ここではN人と表現しよう)が囚人のジレンマの構造に関わっているだろう.このように多数の人びとが関わる問題を「N人囚人のジレンマ」と呼ぶ.「社会的ジレンマ」と呼ばれる場合もある.

このとき,協力者と裏切り者は,どのくらい利得を得るだろうか.N人の犯罪集団がいて,一斉に逮捕されたとする.自分以外に,N人中何人かが協力して黙秘しているとしよう.たとえば,図14.2は共犯者が全部で5人の場合,どのような利得になるかを表している.

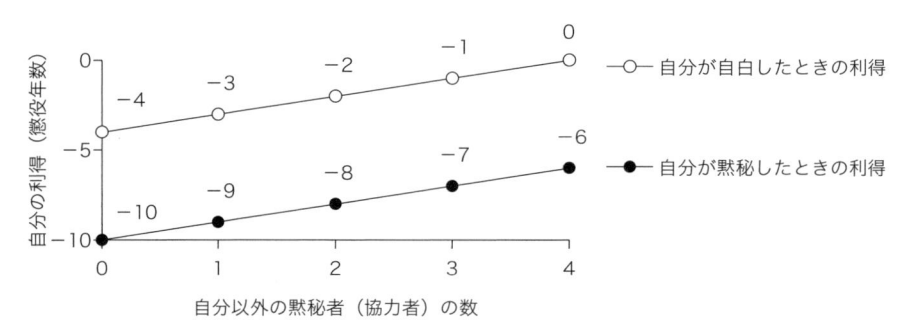

図14.2　5人囚人のジレンマにおける利得

問3 もしあなたが5人囚人のジレンマ状況に置かれたとき，黙秘するだろうか，自白するだろうか．

周囲4人のうち3人が黙秘し1人が自白しているとき，もし自分が黙秘したら，利得−7なので懲役7年となる．もし自分は自白したら，懲役1年と減るので，自白した方がよい．このように，縦に利得を比較していくと，周囲の何人が黙秘していても（したがって何人が自白していても），「裏切って自白する」とつねに懲役が短くなるのである．

したがって，自白することが黙秘することにたいして支配戦略となっている．5人全員についてそうなので，結局全員が裏切って自白することになる．この状態はナッシュ均衡となる（問3への解答例）．

(5) パレート効率性 では，ナッシュ均衡はなぜ社会全体として「望ましい」状態とはいえないのだろうか．ここで，パレート効率性という新しい基準を考えよう．

定義3 誰かの利得を減らすことなしに，誰の利得も大きくすることができないとき，その状態を「パレート効率的である」という．

したがって，誰の利得も減らすことなく，誰かの利得が大きくなるならば，もとの状態はパレート効率的ではないことになる．いわば「無駄」があったといえる．たとえば，2人囚人のジレンマでは，「どちらも自白する」というナッシュ均衡は，実はパレート効率的でない．もし「どちらも黙秘する」と，2人とも利得が上がるからである．これにたいして，その他の3つの状況はすべて，パレート効率的な状況になっている．

つまり，全員が裏切って自白することは，ナッシュ均衡ではあるが，パレート効率的ではなかった（非効率だった）のである．このように，囚人のジレンマは，ナッシュ均衡という「個人的合理性」が，パレート効率的という「社会的望ましさ」と乖離しうることを，浮き彫りにする．

問4 ごみ問題をN人囚人のジレンマとして捉えたとき，ごみ問題の解決に，なぜ人びとは協力できないのだろうか．

第3節 ── 結 果

（1）ごみ問題におけるナッシュ均衡　囚人のジレンマで，ごみ問題を再検討してみよう．あなたは「ごみ減量のためにペットボトル飲料を買わないのはばからしいなあ」と感じるかもしれない．自分だけが分別に協力しても，時間や手間の「コスト」がかかる．これは，協力しないことが支配戦略であるからである．その結果，多くの人がごみ問題に協力しないことが，ナッシュ均衡として実現してしまうだろう．

> **結果1**　人びとが合理的に判断すると，周囲が協力してもしなくても，自分はごみ問題に協力しないことが支配戦略となる．そのため，誰も協力しないことがナッシュ均衡して実現する．

（2）ごみ問題におけるパレート効率性　ところが，もし全員がごみ減量やごみ分別に協力するならば，ごみ問題を解決できる．その結果，人びとの利得は，誰も協力しないときより高くなるはずである．これは，犯罪者全員が黙秘したときと同じく，パレート効率的であり，全員にとって望ましい状態といえる．したがって，ナッシュ均衡はパレート効率的ではなかったことが分かる．

> **結果2**　誰も協力しないというナッシュ均衡は，パレート非効率なため，みんなが協力する状態より利得が下がってしまう．

> **結果3**　誰にとっても，ごみを減らしたり分別したりしないほうが合理的である（支配戦略）．しかし，人びとが同じように行動すると，ごみ問題はますます悪化し，誰も協力しなくなる（ナッシュ均衡）（問1，問4への解答例）．

以上のように，人びとが合理的に行動すると，最終的に被害が自分に跳ねかえってこざるをえないことが分かった．

> **問5**　どうすれば，パレート非効率的な状況から抜けだし，ごみ問題を解決できるだろうか．

第4節 —— 考 察

(1) 行動の繰り返し　図 14.1 では，2000 年までのごみ排出量を示した．それ以降をみると，2000 年 1,185 グラム，2005 年 1,131 グラム，2010 年 976 グラムとごみの量は少しずつ減少している．世の中には，社会全体の結果を考えながらごみの減量や分別に協力的な人も，実は存在するのである．なぜだろうか．

囚人のジレンマでは，意思決定の機会は一度だけであった．その場合，個人の利得を高めるのが黙秘であるため，裏切り行動を選択するのが合理的であった．

しかし，現実の社会では決定の機会が一度しかないわけではない．たいていの人はごみ収集日に繰り返しごみを出す．そのとき，自分が協力しなければ，近所の人たちが冷たい目で自分を見て，気持ちよく日常生活が送れなくなるかもしれない．あるいは，近所の人たちがごみの減量や分別に協力している姿を見れば，自分が協力して損をすることはないと思うかもしれない．このように，繰り返しがあるとき，協力行動が合理的となる可能性がある．

(2) コミュニケーション　囚人のジレンマゲームでは相手との相談ができない中で，自白か黙秘かを決めなくてはならなかった．しかし，現実の世界では相手と相談し，お互いの考え方を確かめたり交渉したりすることができる．コミュニケーションができる状況であれば，みんなで協力行動を取りつづけられるかもしれない．

(3) 個人の違い　我われは，性別や年齢，考え方などがそれぞれ異なっている．このような個人の違いが，協力行動を導く場合もある．たとえば，家事を一生懸命行っている人や，環境問題に強い関心を持つ人は，分別を面倒くさいと思いつつも，「環境問題の解決を優先させて行動するべきだ」と考えるかもしれない．

(4) 制度の変化　法律の制定，技術の進化，システムの変更などによって，ごみ問題は囚人のジレンマ構造を備えなくなることもある．たとえば，1995 年に容器包装に係る分別収集及び再商品化の促進等に関する法律や，2000 年に循環型社会形成推進基本法が制定され，ごみの分別や再生がしやすくなる制度が

整えられた．ホッチキスの針を付けたままでも古紙のリサイクルができる技術も開発されている．また，宮城県仙台市や神奈川県横須賀市では，住民にできるだけ手間をかけさせずに，多くの人がごみの減量や分別に協力できるように，分別システムが設計された．

第5節 ── 練習問題

(1) 地球温暖化 気候変動に関する政府間パネル（IPCC）報告書によれば，世界の二酸化炭素，メタン，一酸化二窒素などの温室効果ガスは，18世紀半ばから上昇をはじめ，ここ数十年で急激に増加している．

問6 ごみの量が減少したのと同じように，温室効果ガスの減少も可能だろうか．また，それにはどのような条件が必要だろうか．

　ヒント　温室効果ガスには国境がなく，「どのような行動をすればどのくらい温室効果ガスがへるのか」という実感を持つことが難しいかもしれない．

(2) 資源の枯渇 エネルギー白書によると，日本では石油などの資源を大量に輸入しており，一次エネルギー国内供給に占める化石エネルギーの依存度は81％となっている．石油には限りがある．いずれなくなることは確実である．

問7 石油のような「資源枯渇型」環境問題の問題解決は，ごみ問題のような「環境汚染型」環境問題とどのように違うだろうか．

　ヒント　広瀬（1995）は，環境リスクや問題の責任帰属，対処有効性などの認知に着目している．

(3) 公害問題 1950年代後半から1970年代の高度経済成長期に公害が発生した．熊本県水俣市の水俣病，新潟県阿賀野川流域の新潟水俣病，三重県四日市市の四日市ぜんそく，富山県神通川流域のイタイイタイ病は「四大公害病」と呼ばれている．

問8 公害問題は，囚人のジレンマだといえるだろうか．

ヒント　公害問題では，問題を引き起こす者と被害をこうむる者が，異なっていることに注意しよう．

読 書 案 内

●この章のオリジナル
ギャレット・ハーディン，1968（翻訳 2015），「共有地の悲劇」小林盾・金井雅之・佐藤嘉倫編『リーディングス合理的選択理論』勁草書房．
　共有地の悲劇というアイディアを提唱し，個人の合理的な意思決定の結果共有資源が枯渇しうることを指摘した．こうして，環境問題が囚人のジレンマとして捉えられるようになった．

●テキスト
鳥越皓之・帯谷博明編著，2009，『よくわかる環境社会学』ミネルヴァ書房．
　さまざまな事例を紹介しながら，多様な環境問題を社会学的な観点からどのようにアプローチすればよいのかを解説している．

●その他
広瀬幸雄，1995，『環境と消費の社会心理学：共益と私益のジレンマ』名古屋大学出版会．
　ジレンマを環境問題に適用し，社会心理学の知見に基づきながら，実験や調査によって問題解決がどのように可能なのかを検討している．
土場学・篠木幹子編著，2008，『個人と社会の相克：社会的ジレンマ・アプローチの可能性』ミネルヴァ書房．
　さまざまな社会問題をジレンマとして扱い，個人の合理性と社会の最適性を検討している．
ウィリアム・パウンドストーン，1992（翻訳 1995），『囚人のジレンマ：フォン・ノイマンとゲーム理論』青土社．
　フォン・ノイマンの生涯を紹介しながら，囚人のジレンマに焦点をあててゲーム理論の基礎を解説している．

コラム　東日本大震災と社会学

稲垣佑典

2011年3月11日,宮城県牡鹿半島の東南東沖130kmの海底を震源として,東北地方太平洋沖地震が発生した.地震は日本観測史上最大のマグニチュード9.0を記録し,地震動に伴い発生した津波は波高10m以上,最大遡上高40mにまで達して,これらは各地に甚大な被害をもたらした.さらに東京電力福島第一原子力発電所では,地震と津波の影響を受けたことで炉心が溶融し,放射性物質の放出を伴う原子力事故が発生した.こうした一連の複合的大規模災害が「東日本大震災」である.

人的被害は,警察庁発表によると2014年3月11日の段階で死者15,884名,行方不明者2,633名となった.経済的損失も国連国際防災戦略の見積もりでは,約16.8兆円とされた.原子力事故について一度は収束宣言が出されたものの,発電所周辺地域への立ち入りは今なお規制されており,放射能汚染水の排出問題など課題が残されている.

このように「社会のあり方」そのものをも一変させてしまった大災害に対して,社会学という学問はどのような形でかかわりをもち,貢献することができるだろうか.災害と社会の関連を直接的に扱う社会学領域として,「災害社会学」や「防災社会学」がある.そこでは各種災害についての理論的な研究から個別の対策に至るまで,さまざまな現象を社会学的アプローチにより整理し,新たな施策を打ちだすことが目的となっている.このたびの震災でも多くの貢献が期待される領域であろう.それでは,それ以外の社会学が,震災についての研究を何もできないのかといえば,決してそうではない.

東日本大震災では,これまでの災害では見られなかった社会現象が多数発生し,それらは新たに社会学の研究対象となった.日中の地震で交通機関が麻痺した中帰宅せざるをえない状況は,多くの帰宅困難者を生みだした.一時避難所では,従来どおり年少・年長者は優先されたが,普段の備蓄が少ない学生や若年労働者の立場は理解されず苦難を強いられた.東北に点在する過疎地域では,外部との連絡手段が断たれた住民が互いに救助活動を行い,公的援助を待つ間,自主的に避難所を運営する必要に迫られた.ソーシャル・メディアの発達で安否確認や避難情報の入手が容易になった反面,噂やデマの拡散も非常な速さで進んだ.ボランティアにはじめて参加した,という人も増えた.一方,自粛と復興推進という意見の相違は各界で対立的な議論を生み,後に反原子力運動をはじめとする社会運動へと結びついた.こうした例は,まさに社会学が探求すべき震災に関連したテーマである.

また,平時であれば社会の変動は緩やかに進むが,災害後はごく短期間で立ち現れてくる.それらを十分理解しつつ将来への備えとして結実させるには,社会構造や人間の行為にかんする社会学に共通した知識と洞察が求められる.そこで我々が目指すべきは現実と真摯に向きあい,社会学を通じて眼前の出来事をどのように後世へ伝えていくかを考えることかもしれない.

仙台市立六郷中学校の体育館に避難した人々
(2011年3月23日撮影.写真提供:仙台市)

第15章 まとめ
レポートを執筆するために

金井雅之

キーワード　　レポート　問い　主張　エビデンス　剽窃

第1節 ── 大学生とレポート

　全国の大学生調査によれば，高校時代に「調べたことを文章にまとめた」ことがよくあった人は11.9％なのに対し，大学で「学期末以外にもレポートが課される授業」がよくある人は82.8％いる．ところが，大学生活によって「自分の知識や考えを文章で論理的に書く」能力が身に付いたと答える人は，学年が進むにつれてわずかにふえてはいくものの，3人に2人程度でしかない（図15.1）．

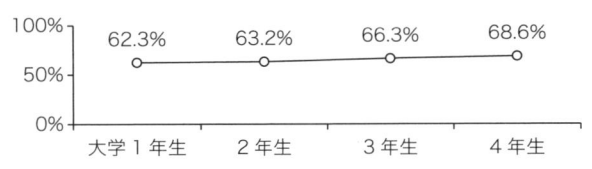

図15.1 論理的な文章を書ける人の割合（ベネッセ「第2回大学生の学習・生活実態調査」より）

（大学1年生 62.3％、2年生 63.2％、3年生 66.3％、4年生 68.6％）

| データ | 大学生の3人に1人は，論理的な文章を書くことに自信がない． |

　この本を使う授業でも，学期末などにレポートの執筆を求められるかもしれない．論理的な文章を書く自信がない人には，恐ろしいことだろう．
　しかし，高校までにそうした文章を書くことがほぼなかったのは，みな同じだ．そもそも，大学でのレポートは単に「調べたことを文章にまとめる」ことではない．むしろ，高校までの文章の書き方と大学でのレポートの書き方は，

「別のもの」と考えた方がよい．大学での書き方を早いうちに理解し，意識的に訓練していくことが，あなたの成長を左右するだろう．

問1（パズル） なぜ大学では，レポートを書くことが求められるのだろうか．

第2節 ── レポートによって思考を深める

（1）レポートとは レポートという言葉はさまざまな意味で使われる．もっとも広い意味では，誰かになにかを「報告」する文章のことを指す．高校なら先生に，職場なら上司や顧客に「調べたこと」を整理して伝えるのも，もちろんレポートだ．しかし，**大学でのレポート**（さらには論文）はふつう，もうすこし狭い意味で使われる．

定義1 自分の考えたことを他者に論理的に伝え，納得してもらうための文章を，「レポート」という．

「考えたこと」は「調べたこと」よりも，情報としての価値が高い．なぜなら，調べることは誰でもできるが，考えることはあなたでなければできないからである．あなたの「考えたこと」はこれまで世界中の誰も知らなかったことだから，ほかの人たちにとって，意味のある情報となるはずである．

ただし，レポートをよむ側はあなたに「個人的」な関心を持っているわけではないし，レポートを発展させた論文は不特定多数の読者を想定している．したがって，あなたの「考えたこと」が価値を持つのは，それが「正しい」と納得できた場合に限られる．「正しい」解答は，世の中の役に立つ可能性があるから，価値がある．

他人の考えの正しさを判断する基準は「論理」である．感情は人それぞれだが，論理すなわち理性は，すべての人類が共有しているものだからである．

問2 レポートを書くことは，あなた自身にとってどんなメリットがあるだろうか．

仮定1 レポートを書く目的は，他者との仮想的なコミュニケーションを通じて自分の考えを整理し，深めることである．

自分の考えを整理し，正しいことを証明する論理を磨いていくための最良の方法は，他人と議論をすることだ．少人数授業やゼミナールでの友人たちとのディスカッションは，その典型例である．

しかし，ゼミナールの友人や教員は，他者全体の「ごく一部」に過ぎない．理性は人類すべてに共有されているものだから，古今東西の「あらゆる他者」を説得できてはじめて，あなたの考えの正しさは証明されるだろう．こうした，あなたが直接知らない他者の反応は，頭の中で想像するしかない．レポートが大学で重視されるのは，「仮想的な他者の反応を想像して論理を磨く」という効果があるからであり，これは口頭での議論ではけっして期待できない．

(2) レポートの構成要素　では，大学でのレポートは，具体的にはどのような特徴を持っているだろうか．

> 仮定 2 　レポートは「問い」と「主張」と「エビデンス（証拠）」から構成され，文章が論理的に構造化されている必要がある．

問いは，この本では「パズル」「問○」となっている．主張は「結果○」，エビデンスは「定義○」「仮定○」が相当する（図 15.2）．

　　　問い（この本のパズル） → 主張（結果） → エビデンス（定義と仮定）
図 15.2 レポートの構成要素（かっこ内はこの本の場合）

「構造化された」とは，論理とは主張と証拠を，順序よく積み上げていくことを意味している．したがって，レポートを構成するひとつひとつの要素がなぜその場所になければならないかが，前後の要素との論理的接続関係から，はっきり説明できる必要がある．

> 問 3 　レポートの構成要素を，どのように準備していけばよいだろうか．

第 3 節 ── レポートを準備する

(1)「問い」を見つける　もしかしたら，高校までなら与えられた問いに

対して,「調べたこと」を書けばよかったかもしれない．しかし,大学でのレポートの最大の難関は,そもそも「なにを調べるか」という問いを見つけることである．

定義2 どういう事実があるかを明らかにする問いを「記述の問い」, ある事実が起こる理由や原因を明らかにする問いを「説明の問い」という．

記述の問いは「〇〇はどうなっているか」（How）,説明の問いは「なぜ〇〇なのか」（Why）という形で表される．記述の問いは,「社会の多様性を知る」という社会学の重要な目的に役立つ．また,記述の問いへの答え（事実）は,説明の問いを考えるための前提条件としても意味がある．

この本の問いはすべて「説明の問い」のタイプである．そのため,この本を使う授業のレポートでも,説明の問いを求められることが多いだろう．

仮定3 社会全体の統計データを用いると,ある説明の問いが「なぜ重要か」を,多くの人びとに納得してもらいやすい．

説明の問いを思いつくための最初の「きっかけ」としては,①身の回りの世界での個人的経験,②先行研究,③統計データなどがありうる．①の個人的経験とは,自分や家族や友人が経験した出来事や,悩んでいることなどのことである．たとえば,いつまでも結婚する気配のない兄や姉を見て「なぜ結婚しなければならないのかなあ」という問いを思いつくかもしれない．

②の先行研究からは,「この本の説明だとこういうケースが扱われていないのでは」とか,「この説明だと矛盾が生じるんじゃないか」と気づくことがある．たとえば,**第14章**で説明されているように,合理的選択理論の予想によれば,ある状況が囚人のジレンマだとしたら,誰も協力行動をしないはずである．しかし,現実の世の中では,たとえば共有地において人びとが協力しあって資源管理に成功しているという．ここから,「なぜ（どういう条件が成りたつときに）共有資源管理が成功するのか」という問いを思いつくかもしれない．

これらのきっかけのうち,①は人によってものの感じ方や経験の範囲が異なる可能性があるから,自分にとっては重要な問題と感じられても,読者はそう思わないかもしれない．これにたいして,②と③は客観的なものであるから,問いの重要性を他人に納得してもらいやすいだろう．ただし,②はまだ勉強を始めたばかりの初学者には難しいかもしれないので,この本のすべての章で,

③の統計データから問いをたててみた．

　もちろん，①から問いを思いつくこと自体が悪いわけではない．身近な疑問から広い世界へと想像力を広げていくことは，社会学の重要な心得である．しかし，レポートにするときはそのきっかけを直接書かずに，③や②の例を別途見つけて，そこから「問い」を導いた方が，説得力を増しやすいことは確かである．

（2）モデルで「主張」を組み立てる　　レポートの核心は「主張」である．主張は，エビデンスとセットにして組みたてていく必要がある．

> **定義3**　「○○は△△である」ことを，論理やデータによって根拠をもって他人に説明することを，「主張」という．

　この本では，**モデル**を用いてどのように主張を組みたてていくかを学んできた．モデルとは，「論理展開」によって主張に根拠を与えるためのひとつの道具である．

> **問4**　モデルを使うことには，どんなメリットがあるだろうか．

> **仮定4**　モデルには一般性があるので，さまざまな「問い」に応用することができる．

　第1章の仮定1を思いだしてほしい．モデルとは，現実の中から不要な要素を「捨象し引き算」したものである．この抽象化のおかげで，モデルで表現した要素をその一部として含むさまざまな現実や，そこから導きだした「問い」への応用が可能になるのである．

　その結果，たとえばボランティア活動は囚人のジレンマとして読みとくことができた（**第4章**）．と同時に，環境問題も囚人のジレンマとして理解できるのである（**第14章**）．同様に，資本投資という視点を持てば，結婚もコミュニティ発展も大学進学も共通のメカニズムを持つことが分かった（**第2章，第5章，第7章**）．

　なお，第1章表1.4の通り，この本で紹介したモデルには「方法論的個人主義」と「方法論的集合主義」とが含まれていることに注意しよう．この2つは

社会学においてどちらも重要な立場だが,「問い」の性質に応じて使い分ける必要がある.

(3)「エビデンス」を提示する　主張は,エビデンスに支えられてはじめて意味を持つ.

> **定義 4**　自分の主張が正しいことを証明するための証拠(根拠)を,「エビデンス」という.エビデンスによって,他人は主張が正しいかどうかを判断する.

　エビデンスには,たとえば「モデルの論理展開」,アンケート調査やインタビュー調査による「経験的なデータ」がある.裁判の場合,もし検察官がある人を犯罪者だと主張したいなら,物証や目撃証言を集め,エビデンスとして裁判官に提示する必要がある(図15.3).レポートの場合,あなたが検察官となり,裁判官である読者に向かって,自分の主張のエビデンスを提示することになる.エビデンスがなければ,主張はたんなる「そうかもしれないけど,そうじゃないかもしれないこと」で終わってしまうだろう.

図15.3　裁判では証拠が必須

　エビデンスにおいて重要なのは,議論の妥当性を確認するために必要な情報を,読者に過不足なく与えることである.さらに,読者がその情報自体の正確さを確認したり,追加の情報を集めたりできるよう,(文献やデータなど)情報の出所も明示しよう.

第4節　レポートの執筆から提出まで

(1)内容上の留意点　構成要素をそれぞれ準備できたら,それを文章にし

ていけばよい．ただし，エビデンスは主張の前に置くほうが，読みやすいことが多い．そのため，レポートの中では「問い」「エビデンス」「主張」の順番とするとよい．

書きはじめるときは，この本の各章や，日本社会学会の機関誌『社会学評論』の論文を参考にするとスムーズだろう．

> **定義 5** 「1段落1メッセージ」の原則を守りつつ，段落ごとの論理的な関連を明示しながら全体を組み立てていくことを，「パラグラフ・ライティング」という．

このように文章をブロックに分けるのは，単なる読みやすさのためだけではない．段落とは意味のまとまりを表す単位であり，段落ごとにひとつのメッセージを伝えるものである．したがって，ひとつの段落に2つ以上の異なるメッセージを含んではいけない．

また，自分の主張と他人の主張を，読者がはっきり区別できるように記述する必要がある．学問の世界は，つねに「巨人の肩の上」から出発する．つまり，人びとの検討を経て「正しい」と認められたある人のアイディアを参考にした上で，別の人が新たなアイディアを追加していく，という積み重ねによって発展してきた．

アイディアを考え，論証することは，大きな苦労を伴う．もし他人がそれをあたかも自分で発見したかのように書いていたら，今後新たな貢献をしようという気持ちが失われるだろう．このように，他人のアイディアをそれと明示せずに引用することは「剽窃（ひょうせつ）」といい，厳しく禁止されているのである．

同様に，「図表」もインターネットや本からコピーするのではなく，自分で表計算ソフトなどにデータ入力して，作成しなおす必要がある．

（2）形式上の留意点　形式上の留意点としてもっとも重要なのは，「スタイル」を意識することである．

> **定義 6** それぞれの専門分野における標準的な書式を定めたものを，「スタイル」という．

たとえば，引用の仕方，文献の記載の仕方，注のつけ方，見出しなどの書式，句読点の使い方，漢字とカナの使い分けなど，膨大なことがらについて細かく規定されている．スタイルは通常，学術雑誌ごとに定められている．もともと

の意図は，雑誌全体の見た目を統一して読みやすくすることである．

しかし，標準的なスタイルを使用することによって，読者に必要な情報を効率よく示し，内容上の吟味やディスカッションに注意を集中できる，という効果も期待できる．逆にいえば，標準的なスタイルに則っていないと，必要な情報を読みとるのに注意力を振り向けなければならない．

社会学の分野でもっとも標準的なスタイルは，日本社会学会の『社会学評論スタイルガイド』である．とくに教員から指定がない場合は，これに従うのがよいだろう．

第5節 ── 練習問題

問5 あなたがいま一番関心を持っていることを，ひとつ思い浮かべてみよう（結婚，ボランティア，ディズニーランドなど）．そこから，「どのように○○なのか」という記述の問いと，「なぜ○○なのか」という説明の問いを，ひとつずつ立てる．それらの「問い」の重要性を，統計データまたは先行研究によって説明してみよう．

問6 その「説明の問い」に，この本のモデルをひとつ使って解答し，「主張」と「エビデンス」へと整理しよう．

問7 そうした準備をもとに，以下のチェック・リスト（表15.1）でチェックしながら，レポートを執筆してみよう．レポートの中では，エビデンスが主張の前に来てもよい．

表 15.1 レポート執筆のためのチェック・リスト

	チェック・ポイント
問い	□「記述の問い」と「説明の問い」のどちらですか
	□問いの重要性を，統計データや先行研究で説明しましたか
主張	□あなたの主張は「方法論的個人主義」と「方法論的集合主義」のどちらに立脚していますか
	□あなたのモデルは，現実のうちなにを残し，なにを捨象しましたか
エビデンス	□「論理展開」「経験的なデータ」など，証拠を提示しましたか
	□文献やデータなど，情報の出所を明示しましたか
執筆内容	□1段落1メッセージになっていますか
	□引用するとき，剽窃をせず，引用元を明記していますか
	□図表は，自分で作成しましたか
執筆形式	□スタイルガイドに沿っていますか
	□「です・ます」調ではなく，「である」調で統一していますか
	□古今東西のあらゆる他者が読んだとしても，理解し納得してもらえるよう努力しましたか

読書案内

●この章のオリジナル

戸田山和久，2012，『新版 論文の教室：レポートから卒論まで』NHK 出版．
　レポートや論文の執筆方法を解説．本章の記述の多くはこの本に基づいている．

●その他

日本社会学会編集委員会，2009，『社会学評論スタイルガイド 第2版』．
　日本社会学会によるスタイルガイド．インターネット上で無料で閲覧できる．
佐藤嘉倫，2008，『ゲーム理論：人間と社会の複雑な関係を解く』新曜社．
　ゲーム理論の教科書．方法論的個人主義の立場を学ぶのに好適．
安田雪，2001，『実践ネットワーク分析：関係を解く理論と技法』新曜社．
　社会的ネットワーク分析の教科書．方法論的集合主義の立場を学ぶのに好適．
数土直紀他編，2005年～，『数理社会学シリーズ』1～5巻，勁草書房．
　社会現象をモデルで読みとくためのさまざまな理論や方法を，ふかく掘りさげて分析している．

コラム　日本社会学会と数理社会学会

籠谷和弘

　ニュースや新聞記事で,「この研究成果は○○学会で発表されました」といったことを聞いたことがあるかもしれない.学会とは,ある研究分野に関心を持つ人びとが集まって作られている.その目的は,会員による研究成果の公表や交流を促進することにある.そのために大会や研究会の開催,学会誌の発行などの事業が行われる.また(本書のような)教科書を発行するなど,教育に関わる事業を行うこともある.

　社会学でも多数の学会が存在している.「日本社会学会」は,社会学研究の促進と発展普及を図ることを目的として,1924年(大正14年)に設立された.現在3,600名ほどの会員がおり,日本の社会学系学会の中で中心的な役割を果たしている.世界の社会学会の中では,アメリカ社会学会が最大で,2番目に大きなものとなっている.分野や研究手法にかかわらず,社会学全般を対象分野とする.

　学会誌として年4回『社会学評論』,そして欧文学会誌として年1回 *International Journal of Japanese Sociology* を発行している.学会大会は年1回開催されており,発表のテーマは家族やメディアから社会調査法,社会学理論まで多岐に渡る.2013年に開催された第86回大会では,2日間で300ほどの口頭発表が行われた.

　次に,「数理社会学会」を紹介しよう.この本の各章で用いられているような,数学の発想を応用して社会を分析する手法を「数理社会学」という.また,社会調査や統計を利用する手法を「計量社会学」という.数理社会学会は,数理社会学,計量社会学,理論社会学の研究促進を目的として,1986年に設立された.現在の会員数は300名弱である.

　数理・計量という研究手法によって人びとが結びついているため,会員の研究分野は日本社会学会と同じくらい多様である.学会誌『理論と方法』を年2回発行しており,また学会大会を年2回開催している.

　なお,世界各地にも社会学者がいて,それぞれ研究を進めている.「国際社会学会」は,そうした人びとを結びつける場となっている.1949年に,国連教育科学文化機関(ユネスコ)が提案し,設立された.4年に一回大会があり,2014年には横浜で開催された.これは,アジアではじめての国際社会学会となった.

　学会大会は,各地の大学で行われることが多い.読者の皆さんが通う大学が会場になることもあるだろう.大会によっては,シンポジウムなど学会員以外でも無料で参加できることがある.そのような機会を発見したら,ぜひのぞいてみてはいかがだろうか.

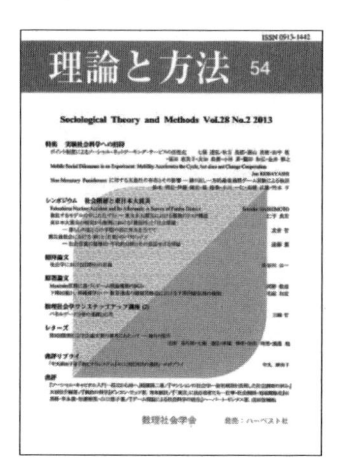

数理社会学会機関誌『理論と方法』

あとがき

　本書は，数理社会学会が取り組む公式な事業として企画されたものです．この学会は，数理的なモデルを用いる研究者と計量分析を得意とする研究者により成りたっています．数理と計量という2つの軸から社会を見ていこう，という問題意識に支えられています．このような問題意識を一般の読者とも共有すべく，すでに学会では，2000年代に『社会を〈モデル〉でみる：数理社会学への招待』（2004年）と『社会の見方，測り方：計量社会学への招待』（2006年）を勁草書房から出版しました．大変好評を得た事業であったこともあり，その後学会では，同様の企画を内容・構成と執筆者を一新して立ちあげる話が持ち上がりました．

　たまたま私が会長を務めていた2011年度の理事会で集中的に議論をして，2012年3月の学会総会でこの企画が正式に学会事業として認められました．当時の研究理事である小林盾氏を委員長，金井雅之氏を副委員長とする編集委員会が発足し，佐藤嘉倫氏と浜田宏氏が編集委員として就任し，内藤準氏と武藤正義氏が編集事務局を担当されました．編集委員会は，企画の段階から出版社との打ち合わせまで，文字通り全工程について責任を持って取りくんできました．まさに本書の生みの親ということになります．出版については，当時の企画・広報担当理事を務めておられた太郎丸博氏に朝倉書店を紹介いただきました．

　学会の公式事業ということもあり，執筆者の先生方には執筆を快くお引きうけいただき，力作が揃いました．一般の読者にモデルの魅力を伝えるという刊行の趣旨を十分に理解した，わかりやすい書きぶりになっているのではないかと思います．構成についてもいろいろと工夫が凝らされています．すべての章が，テーマ・パズル・モデルという統一された組み立てになっており，どの章から読みはじめても本書が目指す「モデルを道具とした体系的な考え方」を学べるようになっています．さまざまな社会学の分野を解説する形式の入門書とは一味違った魅力を秘めています．

　『社会学入門：社会をモデルでよむ』は，タイトルからも分かるように（数

理）モデルを道具として社会を斬る魅力を伝えることを目指しています．姉妹本として，データの計量分析から社会を斬る『計量社会学入門：社会をデータでよむ』（世界思想社）が 2015 年に刊行の予定です．あわせて読んでいただくと，学会が提唱する数理と計量という 2 つの軸から社会を見るという問題意識を理解していただくことができるかと思います．

　最後にあらためて編集委員会の先生方と執筆を担当された学会員の先生方，そして出版を快く引きうけていただいた朝倉書店にお礼を申しあげたいと思います．

石田　浩（数理社会学会 前会長）

索　引

あ　行

アクセルロッド，ロバート　32, 40
アノミー　102, 105
アノミー的自殺　106
アメリカ　12, 22, 30, 32, 42, 60, 77, 90, 99, 112, 120, 123, 132, 134
アメリカ軍　91

いき値　52, 103, 115
イギリス　20, 104, 121, 125
イタリア　42, 105
逸脱行動　113
一般化された互酬性の規範　44
因果関係　110
インターネット　60
インフォーマルな経路　71, 76

『ウェストミンスター信仰告白』　125
ヴェーバー，マックス　6, 30, 50, 122, 130
裏切り行動　34, 133

SSM 調査　62
N 人囚人のジレンマ　134
NPO　31
エビデンス　10, 146
M 字型カーブ　82
冤罪　118

オランダ　121
音楽　59

か　行

格差と社会意識についての全国調査　98
学力　62
学歴　61
家事労働　13
片稼ぎ　84
価値自由　130
学校基本調査　61
家庭型人的資本　13
カトリック　110
カルヴァン派　124, 129, 130
環境問題　131, 145
管理職　81

企業　128
『危険社会』（ベック）　70
帰宅困難者　140
ギデンズ，アンソニー　20
機能分析　83, 90
客観性　130
きょうだい　67
共有地の悲劇　132
協力行動　34, 133, 144
協力の進化　32, 36, 40
距離係数　25
近代化　105

『グーテンベルクの銀河系』（マクルーハン）　60
クラスタリング係数　25
グラノベッター，マーク　52, 72, 78, 80
クリティカル・マス　57
グローバル化　70

携帯電話の普及率　51
計量社会学　150
結婚　11, 145
ゲーム理論　7, 32, 132

公害問題　138
公共財　33
構造化理論　20
幸福感　99
効用　103
合理性　127
合理的選択理論　7, 12, 50, 92, 109, 144
国勢調査　11
国民生活に関する世論調査　1
互酬性　44, 74
コスト　93, 103
子どもの学校外での学習活動に関する実態調査報告　67
ごみ問題　131, 137
コミュニティ　145
雇用動向調査　71
コールマン，ジェームズ　50
コールマン・ボート　4
コント，オーギュスト　10

さ　行

再犯　118
サッカー　58
産業社会　70
参与的行為観察　120

ジェンダー　81
シカゴ学派　112
資源投資　13
資源の枯渇　40, 138
自殺　101, 103
──の 4 類型　107
自殺者数　101, 108
『自殺論』（デュルケム）　7, 102, 110
市場型人的資本　13

154 索引

市場労働 13
実証哲学 10
『実証哲学講義』(コント) 10
しっぺ返し戦略 36
支配戦略 133
資本主義 100, 121, 128, 130
資本投資 145
『資本論』(マルクス) 100
シミュレーション 40
市民性 42
社会階層と社会移動に関する全国調査(SSM調査) 62
『社会科学と社会政策に関わる認識の「客観性」』(ヴェーバー) 130
社会学 10, 110
『社会学的方法の規準』(デュルケーム) 110
『社会学評論』 147, 150
『社会学評論スタイルガイド』 148
社会システム論 30
社会生活基本調査 31
『社会的行為の構造』(パーソンズ) 30
社会的弱者 114, 117
社会的ジレンマ 134
社会的ネットワーク分析 7, 72, 80
『社会理論と社会構造』(マートン) 90
『社会理論の基礎』(コールマン) 50
主意主義 30
宗教改革 124
就業構造基本調査 48
集合行為のジレンマ 44
就職 71
就職活動 83
囚人のジレンマ 34, 40, 132, 144, 145
収入 98
塾 67
主張 145
出産 19
出生動向調査 67

生涯賃金 67
生涯未婚率 11
少子高齢社会 81
昇進率 91
初期状態依存性 116
職業 124, 130
職業集団 107
女性差別 83
所得 103
進学率 81
進化ゲーム理論 37
人口 40, 101
人口動態統計 12, 101, 108
人的資本 12
『親密性の変容』(ギデンズ) 20

推移性 74
数理社会学 10, 150
数理社会学会 150
スタイル 147
スタウファー,サミュエル 91
『ストリート・コーナー・ソサイエティ』(ホワイト) 120
ストロガッツ,スティーブン 22
スモールワールドグラフ 24
スモールワールド・ネットワーク 27
スモールワールド問題 22
スラム 120

生活満足度 1
整合合理的 127
性別役割分業 18
世界価値観調査 99
世俗内的禁欲 126
戦略 34

相対的剥奪 92, 94
ソーシャル・キャピタル 7, 42, 45
ソーシャル・ネットワーキング・サービス 21
ソーシャル・メディア 140
素朴実証主義 10

た 行

第一次逸脱 113
大学進学 61, 145
大学入試 95
体感治安 118
待機児童 41
第二次逸脱 114
男女雇用機会均等法 81
地域パフォーマンス 42
地球温暖化 138
秩序問題 30
中国 99
賃金構造基本統計調査 81
『つきあい方の科学』(アクセルロッド) 40
強い紐帯 73
デュルケーム,エミール 7, 30, 102, 110
テレビ 58, 60
転職 72, 76
『転職』(グラノベッター) 80
問い 144
ドイツ 99, 104, 121, 122
同業組合 107
統計 110
統計的差別 82, 86
淘汰 127
都市社会学 120
共稼ぎ 84

な 行

ナッシュ均衡 37, 133, 135
ナッシュ,ジョン 134
日本 11, 12, 30, 47, 51, 59, 61, 71, 78, 81, 99, 101, 108, 111, 118, 131, 138, 150
日本社会学会 147, 150
認知件数 111

索引 155

ネットワーク 28, 46, 60, 75, 80
年齢 103

能動的禁欲 125

は 行

橋渡し機能 75
パズル 4
パーソンズ, タルコット 30
パットナム, ロバート 42, 78
ハーディン, ギャレット 132
パラグラフ・ライティング 147
パレート効率性 135
犯罪 111
犯罪率 48
バンドワゴン効果 55

東日本大震災 140
避難所 140
剽窃 147

フェイスブック 21
フォーマルな経路 71, 76
フォン・ノイマン, ジョン 139
福島第一原子力発電所 70, 140
双子 65
ブードン, レイモン 92
不平等の再生産 66
不満率 91
フランクリン, ベンジャミン 124
フランス 62, 92, 102, 104
ブルデュー, ピエール 62
『プロテスタンティズムの倫理と資本主義の精神』(ヴェーバー) 6, 123, 130
プロテスタント 102, 110, 121
文化資本 63

平均初婚年齢 12

閉鎖的なネットワーク 75
ベッカー, ゲーリー 12
ベッカー, ハワード 112
ベック, ウルリヒ 70
偏見の自己成就 116

方法論的個人主義 6, 122, 145, 149
方法論的集合主義 7, 102, 109, 110, 145, 149
ポジティブ・フィードバック 116
ホッブズ, トーマス 30
ボランティア 31, 33, 145
ホワイト, ウイリアム 120

ま 行

マイノリティ 114, 117
マクルーハン, マーシャル 60
マートン, ロバート・K 83, 90
マルクス, カール 100
マルクス主義 100

ミクロ・マクロ・リンク 4
未婚化 18
ミルグラム, スタンレー 22

メディア論 60

目的合理的 127
モデル 2, 145
模倣 108

や 行

ユースフル労働統計 67

予言の自己成就 83, 86, 114
予定説 125, 129, 130
弱い紐帯 73

弱い紐帯の強さ 52, 76

ら 行

ラベリング 113
ランダム化係数 24
ランダムグラフ 24

利益 13, 84, 93, 103, 133
理解社会学 122
『理解社会学のカテゴリー』(ヴェーバー) 128
離職率 71
リスク社会 70
理念型 123, 130
流行 51
『理論と方法』 150
累積相対度数分布図 56
ルター, マルティン 124, 130

レギュラーグラフ 23
レポート 142
恋愛 18

労働 13
労働者 71, 82
労働力調査 71
6次の隔たり 22
ロシア革命 100
ローマ・クラブ 40

わ 行

ワーク・ライフ・バランス 84, 87
ワッツ, ダンカン 22

執筆者一覧

※（ ）内は執筆箇所

編集委員

編集委員長

<ruby>小<rt>こ</rt></ruby><ruby>林<rt>ばやし</rt></ruby>　<ruby>盾<rt>じゅん</rt></ruby>　成蹊大学文学部教授
　　　　　　（まえがき，第1章，第2章）

経歴　東京大学文学部卒，
　　　シカゴ大学社会学部博士候補
主な著書　『データで読む現代社会』
　　　　　（共編著，新曜社，2014年）

副編集委員長

<ruby>金<rt>かな</rt></ruby><ruby>井<rt>い</rt></ruby>　<ruby>雅<rt>まさ</rt></ruby><ruby>之<rt>ゆき</rt></ruby>　専修大学人間科学部教授
　　　　　　（まえがき，第13章，第15章）

経歴　東京大学教養学部卒，
　　　東京大学大学院総合文化研究科博士課程修了
主な著書　『ソーシャル・キャピタルと格差社会』
　　　　　（共著，東京大学出版会，2014年）

<ruby>佐<rt>さ</rt></ruby><ruby>藤<rt>とう</rt></ruby>　<ruby>嘉<rt>よし</rt></ruby><ruby>倫<rt>みち</rt></ruby>　東北大学大学院文学研究科教授　（第5章コラム）

経歴　東京大学文学部卒，東京大学大学院社会学研究科単位取得退学
主な著書　『不平等生成メカニズムの解明』（共編著，ミネルヴァ書房，2013年）

<ruby>内<rt>ない</rt></ruby><ruby>藤<rt>とう</rt></ruby>　<ruby>準<rt>じゅん</rt></ruby>　首都大学東京大学院人文科学研究科助教　（第9章）

経歴　東京都立大学人文学部卒，東京大学大学院人文社会系研究科博士課程単位取得退学
主な著書　『格差社会の福祉と意識』（共著，東京大学出版会，2012年）

<ruby>浜<rt>はま</rt></ruby><ruby>田<rt>だ</rt></ruby>　<ruby>宏<rt>ひろし</rt></ruby>　東北大学大学院文学研究科准教授　（第10章）

経歴　関西学院大学法学部卒，関西学院大学大学院社会学研究科博士課程修了
主な著書　『格差のメカニズム』（勁草書房，2007年）

<ruby>武<rt>む</rt></ruby><ruby>藤<rt>とう</rt></ruby>　<ruby>正<rt>まさ</rt></ruby><ruby>義<rt>よし</rt></ruby>　芝浦工業大学システム理工学部准教授　（第4章）

経歴　東京工業大学理学部卒，東京工業大学大学院社会理工学研究科博士課程修了
主な著書　『不平等とジレンマの構造』（共著，有斐閣，2015年［刊行予定］）

執筆者(五十音順)

朝岡 誠(あさおか まこと)　立教大学社会情報教育研究センター助教　(第4章コラム)
経歴　三重大学人文学部卒，東北大学大学院文学研究科博士後期課程中退
主な論文　「ワンステップ内で伝わる評判の効果」(『理論と方法』第26巻1号，2011年)

石田 淳(いしだ あつし)　大阪経済大学人間科学部准教授　(第12章)
経歴　横浜市立大学国際文化学部卒，関西学院大学大学院社会学研究科博士後期課程修了
主な著書　『相対的剥奪の社会学』(東京大学出版会，2015年[刊行予定])

石田 浩(いしだ ひろし)　東京大学社会科学研究所教授　(あとがき)
経歴　上智大学文学部卒，ハーヴァード大学社会学研究科博士課程修了
主な著書　『現代の階層社会2　階層と移動の構造』(共編著，東京大学出版会，2011年)

石原 英樹(いしはら ひでき)　日本女子体育大学体育学部准教授　(第10章コラム)
経歴　東京大学教養学部卒，東京大学大学院総合文化研究科博士課程単位取得退学
主な論文　「日本における同性愛に対する寛容性の拡大」(『相関社会科学』第22号，2012年)

稲垣 佑典(いながき ゆうすけ)　統計数理研究所調査科学研究センター 特任研究員　(第10章コラム)
経歴　明治学院大学文学部卒，東北大学大学院文学研究科博士課程単位取得退学
主な論文　「都市部と村落部における信頼生成過程の検討」(『社会心理学研究』第25巻2号，2009年)

今田 高俊(いまだ たかとし)　東京工業大学名誉教授，統計数理研究所客員教授　(第1章コラム)
経歴　東京大学文学部卒，東京大学大学院社会学研究科博士課程中退
主な著書　『シナジー社会論』(共編著，東京大学出版会，2014年)

遠藤 薫(えんどう かおる)　学習院大学法学部教授　(第6章コラム)
経歴　東京大学教養学部卒，東京工業大学大学院理工学研究科博士課程修了
主な著書　『メタ複製技術時代の政治と文化』(勁草書房，2010年)

大﨑 裕子(おおさき ひろこ)　成蹊大学アジア太平洋研究センター特別研究員　(第5章)
経歴　東京工業大学工学部卒，東京工業大学大学院社会理工学研究科博士課程単位取得退学
主な著書　『ソーシャル・キャピタルと格差社会』(共著，東京大学出版会，2014年)

籠谷 和弘(かごや かずひろ)　関東学院大学法学部教授　(第15章コラム)
経歴　東京工業大学理学部卒，東京工業大学大学院社会理工学研究科単位取得退学
主な著書　『ソーシャル・メディアでつながる大学教育』(共著，ハーベスト社，2013年)

金澤悠介（かなざわゆうすけ）　岩手県立大学総合政策学部講師　　（第8章）
経歴　東京大学文学部卒，東北大学大学院文学研究科博士課程単位取得退学
主な著書　『ソーシャル・キャピタルと格差社会』（共著，東京大学出版会，2014年）

篠木幹子（しのきみきこ）　中央大学総合政策学部准教授　　（第14章）
経歴　東北大学文学部卒，東北大学大学院文学研究科博士後期課程単位取得退学
主な論文　「ごみ分別制度をめぐる社会的合理性の相克」（共著，『環境社会学研究』第17号，2011年）

数土直紀（すどなおき）　学習院大学法学部教授　　（第2章コラム）
経歴　東京大学文学部卒，東京大学大学院社会学研究科博士課程修了
主な著書　『信頼にいたらない世界』（勁草書房，2013年）

盛山和夫（せいやまかずお）　関西学院大学社会学部教授　　（第13章コラム）
経歴　東京大学文学部卒，東京大学大学院社会学研究科博士課程単位取得退学
主な著書　『社会学の方法的立場』（東京大学出版会，2013年）

関口卓也（せきぐちたくや）　総合研究大学院大学先導科学研究科・日本学術振興会特別研究員　（第9章コラム）
経歴　慶應義塾大学文学部卒，東京工業大学大学院社会理工学研究科博士課程修了
主な論文　「平等と排除のジレンマ」（共著，『理論と方法』第26巻1号，2011年）

瀧川裕貴（たきかわひろき）　東北大学学際科学フロンティア研究所助教　　（第11章）
経歴　東京大学文学部卒，東京大学大学院人文社会系研究科博士課程修了
主な著書　『不平等生成メカニズムの解明』（共著，ミネルヴァ書房，2013年）

辻　竜平（つじりゅうへい）　信州大学人文学部准教授　　（第3章）
経歴　関西学院大学社会学部卒，カリフォルニア大学アーヴァイン校社会科学部博士課程修了
主な著書　『ソーシャル・キャピタルと格差社会』（共編著，東京大学出版会，2014年）

友知政樹（ともちまさき）　沖縄国際大学経済学部教授　　（第6章）
経歴　中央大学総合政策学部卒，カリフォルニア大学アーヴァイン校数理行動科学研究所博士課程修了
主な著書　『ソーシャル・メディアでつながる大学教育』（共著，ハーベスト社，2013年）

中井　豊（なかいゆたか）　芝浦工業大学システム理工学部教授　　（第3章コラム）
経歴　東京大学理学部卒，東京工業大学大学院社会理工学研究科博士課程修了
主な著書　『熱狂するシステム』（ミネルヴァ書房，2009年）

堀内史朗（ほりうちしろう）　山形大学COC推進室准教授　（第7章コラム）
経歴　京都大学理学部卒，京都大学大学院理学研究科博士後期課程修了
主な論文　「コミュニティ形成に資する仲介者の性質」（『理論と方法』第26巻1号，2011年）

松田光司（まつだこうじ）　久留米大学法学部准教授　（第8章コラム）
経歴　龍谷大学理工学部卒，龍谷大学大学院理工学研究科博士課程中退
主な著書　『社会のメカニズム』（共編著，ナカニシヤ出版，2000年）

三隅一人（みすみかずと）　九州大学大学院比較社会文化研究院教授　（第12章コラム）
経歴　九州大学文学部卒，九州大学大学院文学研究科博士後期課程単位取得退学
主な著書　『社会関係資本』（ミネルヴァ書房，2013年）

森いづみ（もりいづみ）　立教大学社会学部助教　（第7章）
経歴　上智大学外国語学部卒，ペンシルバニア州立大学教育学部博士課程修了
主な論文　「中学生の進学期待の経年変化とその要因」（『応用社会学研究』第56号，2014年）

渡邊勉（わたなべつとむ）　関西学院大学社会学部教授　（第11章コラム）
経歴　東北大学文学部卒，東北大学大学院文学研究科博士課程修了
主な著書　『現代の階層社会2　階層と移動の構造』（共著，東京大学出版会，2011年）

社 会 学 入 門
――社会をモデルでよむ――

定価はカバーに表示

2014年11月20日　初版第1刷
2021年　1月25日　　　第6刷

監修	数理社会学会
編集	小林　　　盾
	金井　雅之
	佐藤　嘉倫
	内藤　　準
	浜田　　宏
	武藤　正義
発行者	朝倉　誠造
発行所	株式会社　朝倉書店

東京都新宿区新小川町6-29
郵便番号　　162-8707
電　話　03(3260)0141
ＦＡＸ　03(3260)0180
http://www.asakura.co.jp

〈検印省略〉

© 2014〈無断複写・転載を禁ず〉　　　　　　Printed in Korea

ISBN 978-4-254-50020-2　C 3036

JCOPY ＜(社)出版者著作権管理機構　委託出版物＞

本書の無断複写は著作権法上での例外を除き禁じられています．複写される場合は，そのつど事前に，(社)出版者著作権管理機構(電話03-3513-6969, FAX 03-3513-6979, e-mail: info@jcopy.or.jp)の許諾を得てください．

日本女体大 石原英樹・専修大 金井雅之著
シリーズ〈意思決定の科学〉5
進化的意思決定
29515-3 C3350　　　A5判 212頁 本体3400円

戦略はどう「進化」するのか？時をおって状況が変化する中での最も優れた意思決定の方法を探る。〔内容〕非協力ゲーム／非ジレンマ状況と囚人のジレンマ／保証ゲームとチキンゲーム／進化の論理と合理性／進化とゲーム理論／レプリケータ／他

前東女大 杉山明子編著
社会調査の基本
12186-5 C3041　　　A5判 196頁 本体3400円

サンプリング調査の基本となる考え方を実例に則して具体的かつわかりやすく解説。〔内容〕社会調査の概要／サンプリングの基礎理論と実際／調査方式／調査票の設計／調査実施／調査不能とサンプル精度／集計／推定・検定／分析を報告

元聖路加看護大 柳井晴夫編
シリーズ〈行動計量の科学〉1
行動計量学への招待
12821-5 C3341　　　A5判 224頁 本体3500円

人間行動の計量的な解明を目指す「行動計量学」のエッセンスを数理・応用の両面から紹介。〔内容〕多変量解析／数量化理論／意思決定理論／テスト学／社会調査／計量政治学／QOL測定／医学と行動計量学／実証科学と方法論科学の協働

お茶の水大 菅原ますみ監訳
縦断データの分析 I
――変化についてのマルチレベルモデリング――
12191-9 C3041　　　A5判 352頁 本体6500円

Applied Longitudinal Data Analysis: Modeling Change and Event Occurrence. (Oxford University Press, 2003)前半部の翻訳。個人の成長などといった変化をとらえるために、同一対象を継続的に調査したデータの分析手法を解説。

お茶の水大 菅原ますみ監訳
縦断データの分析 II
――イベント生起のモデリング――
12192-6 C3041　　　A5判 352頁 本体6500円

縦断データは、行動科学一般、特に心理学・社会学・教育学・医学・保健学において活用されている。IIでは、イベントの生起とそのタイミングを扱う。〔内容〕離散時間のイベント生起データ，ハザードモデル，コックス回帰モデル，など。

慶大 小暮厚之著
シリーズ〈統計科学のプラクティス〉1
Rによる統計データ分析入門
12811-6 C3341　　　A5判 180頁 本体2900円

データ科学に必要な確率と統計の基本的な考え方をRを用いながら学ぶ教科書。〔内容〕データ／2変数のデータ／確率／確率変数と確率分布／確率分布モデル／ランダムサンプリング／仮説検定／回帰分析／重回帰分析／ロジット回帰モデル

高橋麻奈著
ここからはじめる 統計学の教科書
12190-2 C3041　　　A5判 152頁 本体2400円

まったくの初心者へ向けて統計学の基礎を丁寧に解説。図表や数式の意味が一目でわかる。〔内容〕データの分布を調べる／データの「関係」を整理する／確率分布を考える／標本から推定する／仮説が正しいか調べる（検定）／統計を応用する

東大 縄田和満著
Excel による統計入門
――Excel 2007対応版――
12172-8 C3041　　　A5判 212頁 本体2800円

Excel 2007完全対応。実際の操作を通じて統計学の基礎と解析手法を身につける。〔内容〕Excel入門／表計算／グラフ／データの入力と処理／1次元データ／代表値／2次元データ／マクロとユーザ定義関数／確率分布と乱数／回帰分析他

前統数研 大隅 昇監訳
調査法ハンドブック
12184-1 C3041　　　A5判 532頁 本体12000円

社会調査から各種統計調査までのさまざまな調査の方法論を，豊富な先行研究に言及しつつ，総調査誤差パラダイムに基づき丁寧に解説する．〔内容〕調査方法論入門／調査における推論と誤差／目標母集団，標本抽出枠，カバレッジ誤差／標本設計と標本誤差／データ収集法／標本調査における無回答／調査における質問と回答／質問文の評価／面接調査法／調査データの収集後の処理／調査にかかわる倫理の原則と実践／調査方法論に関するよくある質問と回答／文献

上記価格（税別）は 2020年 12月現在